北京市社会科学界联合会资助项目

李建平 杨文利 编著

图说

北京大运河文化带

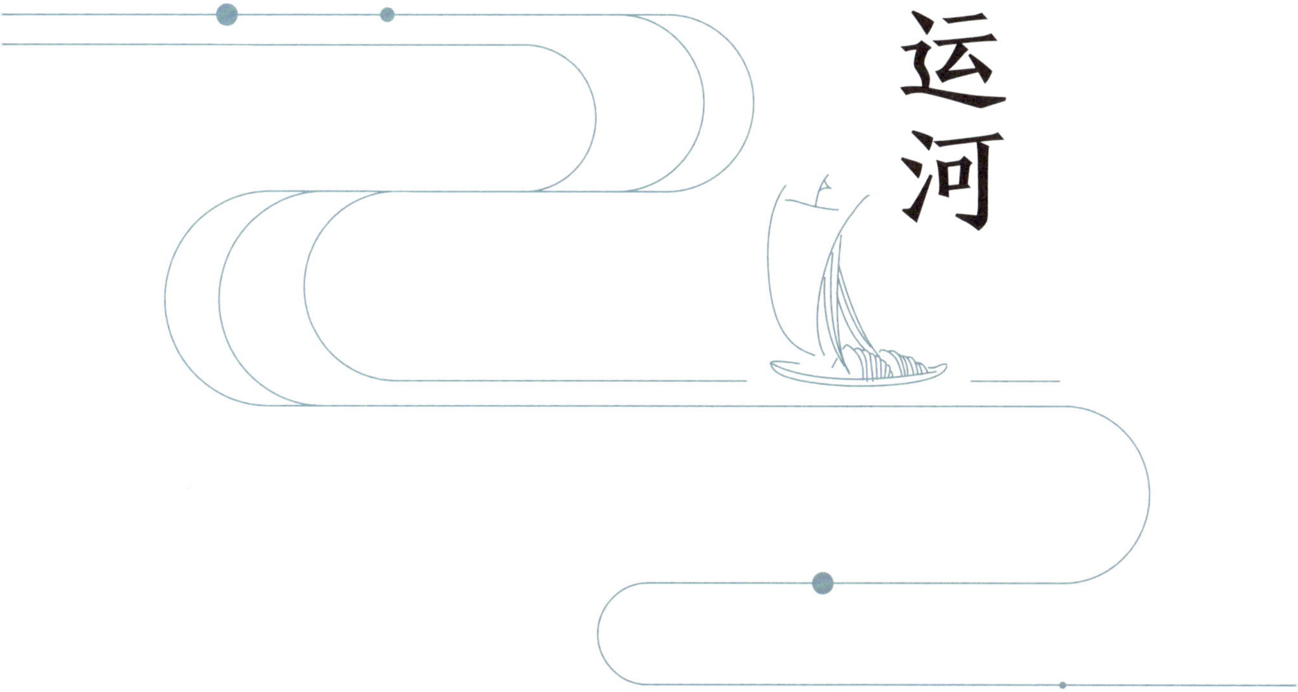

中国财经出版传媒集团
经济科学出版社
Economic Science Press

图书在版编目（CIP）数据

图说北京大运河文化带/李建平，杨文利编著.—北京：经济科学出版社，2019.7
ISBN 978-7-5218-0584-0

Ⅰ.①图… Ⅱ.①李… ②杨… Ⅲ.①大运河-文化-遗产-介绍-北京-图集 Ⅳ.①K928.42-64

中国版本图书馆CIP数据核字（2019）第109450号

责任编辑：侯晓霞
责任校对：蒋子明
装帧设计：陈宇琰
责任印制：李　鹏

图说北京大运河文化带

李建平　杨文利　编著

经济科学出版社出版、发行　新华书店经销
社址：北京市海淀区阜成路甲28号　邮编：100142
教材分社电话：010-88191345　营销中心电话：010-88191522
网址：www.esp.com.cn
电子邮件：houxiaoxia@esp.com.cn
天猫网店：经济科学出版社旗舰店
网址：http://jjkxcbs.tmall.com
北京时捷印刷有限公司印装
710×1000毫米　16开　11印张　210 000字
2019年8月第1版　2019年8月北京第1次印刷
ISBN 978-7-5218-0584-0　定价：58.00元
(图书出现印装问题，本社负责调换。电话：010-88191510)
(版权所有　侵权必究　举报热线：010-88191586
电子邮件：dbts@esp.com.cn)

编委会

主任：李建平

委员（按姓氏笔画排序）：

杨文利　李剑波　张　蒙

陈晓苏　郑　珺

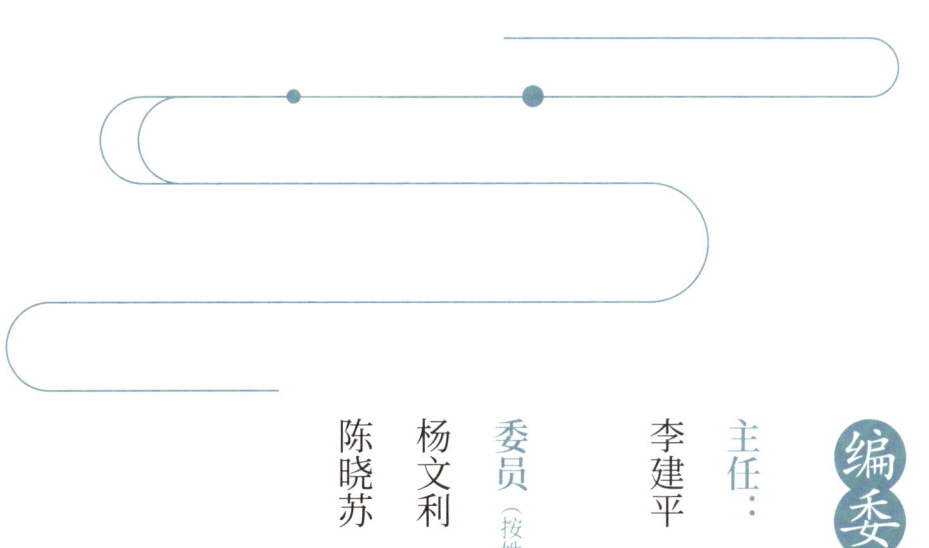

目录

前　言

淀泊风光　水城共融

- 009　白浮泉
- 013　黑龙潭
- 017　温泉
- 017　冷泉
- 021　玉泉
- 023　颐和园及昆明湖
- 033　长河
- 037　万寿寺
- 041　紫竹禅院
- 047　畅观楼
- 051　五塔寺
- 055　高梁桥

水穿京城　古都风韵

- 059　汇通祠（郭守敬纪念馆）
- 065　什刹海
- 069　德胜桥
- 079　银锭桥
- 085　万宁桥
- 089　玉河及沿线景观
- 101　南、北河沿
- 103　皇城根遗址公园
- 107　东安门遗址
- 109　天妃闸
- 111　御河桥

朝阳门外 漕船东来

- 117 · 南新仓
- 121 · 大通桥（一闸）
- 123 · 庆丰闸（二闸）
- 129 · 高碑店
- 133 · 八里桥

通州古城 漕运天下

- 137 · 通州古城
- 141 · 燃灯佛舍利塔
- 147 · 石坝 土坝
- 149 · 五河交汇处
- 151 · 大光楼
- 153 · 七孔桥
- 155 · 张家湾古镇
- 159 · 延芳淀湿地
- 161 · 西集

后记

前言

2017年2月24日,习近平总书记在视察通州时指出:"要古为今用,深入挖掘以大运河为核心的历史文化资源。保护大运河是运河沿线所有地区的共同责任,北京要积极发挥示范作用。"[1]北京要带头深入贯彻习近平总书记对大运河文化带建设的重要指示精神,统筹保护好、传承好、利用好大运河文化带文化资源。

2017年7月,中共北京市委书记蔡奇在调研大运河文化带的保护利用时指出,传承保护好大运河文化带,是中华文明传承延续的一件大事、好事。北京作为全国文化中心,责无旁贷,应当做出应有贡献,起到带头示范作用。

2017年8月,北京市召开推进全国文化中心建设领导小组第一次会议,中共北京市委书记蔡奇同志以北京市推进全国文化中心建设领导小组组长身份强调:建设全国文化中心,"重点抓好'一核一城三带两区',即以培育和弘扬社会主义核心价值观为引领,以历史文化名城保护为根基,以大运河文化带、长城文化带、西山永定河文化带为抓手,推动公共文化服务体系示范区和文化创意产业引领区建设"。《北京市"十三五"时期加强全国文化中心建设规划》也明确提出发挥京津冀地域相近、文脉相亲的地缘优势,统筹推动长城文化带、大运河文化带、西山永定河文化带建设的总体要求。

---

[1]《习近平在北京考察工作时强调 立足提高治理能力抓好城市规划建设 着眼精彩非凡卓越筹办好北京冬奥会》,载于《人民日报》2017年2月25日,第1版。

2017年9月中共中央、国务院批复的《北京城市总体规划（2016年—2035年）》中对北京三个文化带是这样表述的："推进大运河文化带、长城文化带、西山永定河文化带的保护利用"，并强调要"加强三条文化带整体保护利用"。同时，"总规"对在未来北京市的发展中如何整体保护和利用三个文化带作了明确的规划，其中大运河文化带是以元明清时期的京杭大运河为保护重点，以元代白浮泉引水沿线、通惠河、坝河和白河（今北运河）为保护主线，以北京城市副中心建设为契机，推动大运河遗产保护与利用，加强古城遗址保护，全面展示大运河文化魅力。我们可以看出，在《北京城市总体规划（2016年—2035年）》中，三个文化带陈述的顺序是：大运河文化带、长城文化带、西山永定河文化带。三个文化带中，第一个就是"大运河文化带"。

2014年，京杭大运河成为中国第46个世界文化遗产项目，北京段大运河有南新仓、什刹海等10处点、段被列为全国重点文物保护单位，通惠河北京旧城段、通州段所含5处运河水工遗存，玉河故道、澄清上闸等被列为世界遗产点段。《北京城市总体规划（2016年—2035年）》所表述的大运河文化，除了包含京杭大运河之外，还包含了元代郭守敬引白浮泉水，开辟通惠河，连接京杭大运河的整个北京漕运和城市供水的水系。因此，从北京城的整体发展看，大运河文化实际上是北京作为全国的政治、文化中心的古代都城成熟发展阶段的文化脉络。大运河是北京作为都城重要的物资资源的保障体系之一，承载着北京的城市发展的资源供给，是北京历史文化的物质文化导引带。因大运河而兴起并繁荣发展的通州，是北京城形成完备的都城体系的重要标志之一。大运河作为连接和沟通江南文化与北方文明的纽带，承载着北京集天下之大成的文化血脉的供给功能，其向北京输送着大运河沿岸不同的文化养分。北京三个文化带所包含的历史文化内容，对北京的城市发展、北京的文化形成，产生了直接的重要的影响，三个文化带的历史演变，构成了北京历史发展的基本脉络。

作为文化遗产和自然遗产资源的结合体，政治国脉、历史文脉、经济动脉、社会命脉和生态水脉是北京大运河文化带的价值所在。

北京作为大运河的北端城市和漕运终点，大运河北京段除了具有中国大运河文化的共性之外，还具有鲜明的军事重镇和首都个性。在历史、自然及人文环境范畴内，运河保持漕运畅通，为首都提供物资供应，保障中央政令通达、控御全国，有利于维护多民族国家的政治统一。这是大运河的政治职责所在，也凸显出北京大运河文化带政治国脉的特色。

大运河不仅是加强国家政治统一、经济联系的纽带，更是在五大水系之间架起了一座文化沟通的桥梁。自江南以迄华北，大运河流域凝聚了底蕴深厚、风格鲜明的地域文化，最终积淀成以这条绵延三千五百多里的人工河道为象征的"大运河文化带"，北京段是其中的精华地段之一，是北京历史文脉的重要地理标志。

大运河是流动的文化，是老祖宗留给我们的宝贵遗产。以全国文化中心建设及北京城市副中心建设为时代背景，北京大运河文化带建设的当务之急，是全面梳理文化带的内涵和价值等多元文化形态以及典型的历史文化符号，从而凸显北京运河历史文脉的整体价值。

2018年3月，《北京市大运河文化带保护建设规划》和《北京市大运河文化带保护建设五年行动计划（2018年—2022年）》经北京市委常委会会议审议通过。目前，按照北京市推进全国文化中心建设领导小组及办公室的安排部署，北京大运河文化带的相关建设工作正在抓紧推进：重点文物腾退取得突破性进展；文物保护修缮工作扎实推进；重大公共文化设施加快布局；大运河生态环境持续改善；大运河历史风貌有序恢复；大运河文化内涵挖掘更加深入。

北京正在深入挖掘大运河文化带的丰富内涵，通过推进大运河文化带的保护利用，进一步擦亮世界认可的国家文化符号，传承大运河丰富的古都文化、红色文化、京味文化、创新文化。

为此，在北京市社会科学界联合会的支持下，由北京史研究会会长李建平研究员、北京史研究会理事杨文利等有关人员共同撰写了《图说北京大运河文化带》，全面介绍北京大运河文化带，从昌平区白浮泉涓涓细流开始，一直到通州区北运河为止。全书以实地采风拍摄的精彩图片为主，配以线图、插图和简洁的文字说明，力求详尽、科学地普及北京大运河文化带沿线物质文化遗产和非物质文化遗产，使更多的人了解大运河北京段这张亮丽的"金名片"，共同致力于挖掘运河文化内涵，把握好运河文化的"根"和"魂"，传承和弘扬好运河文明。

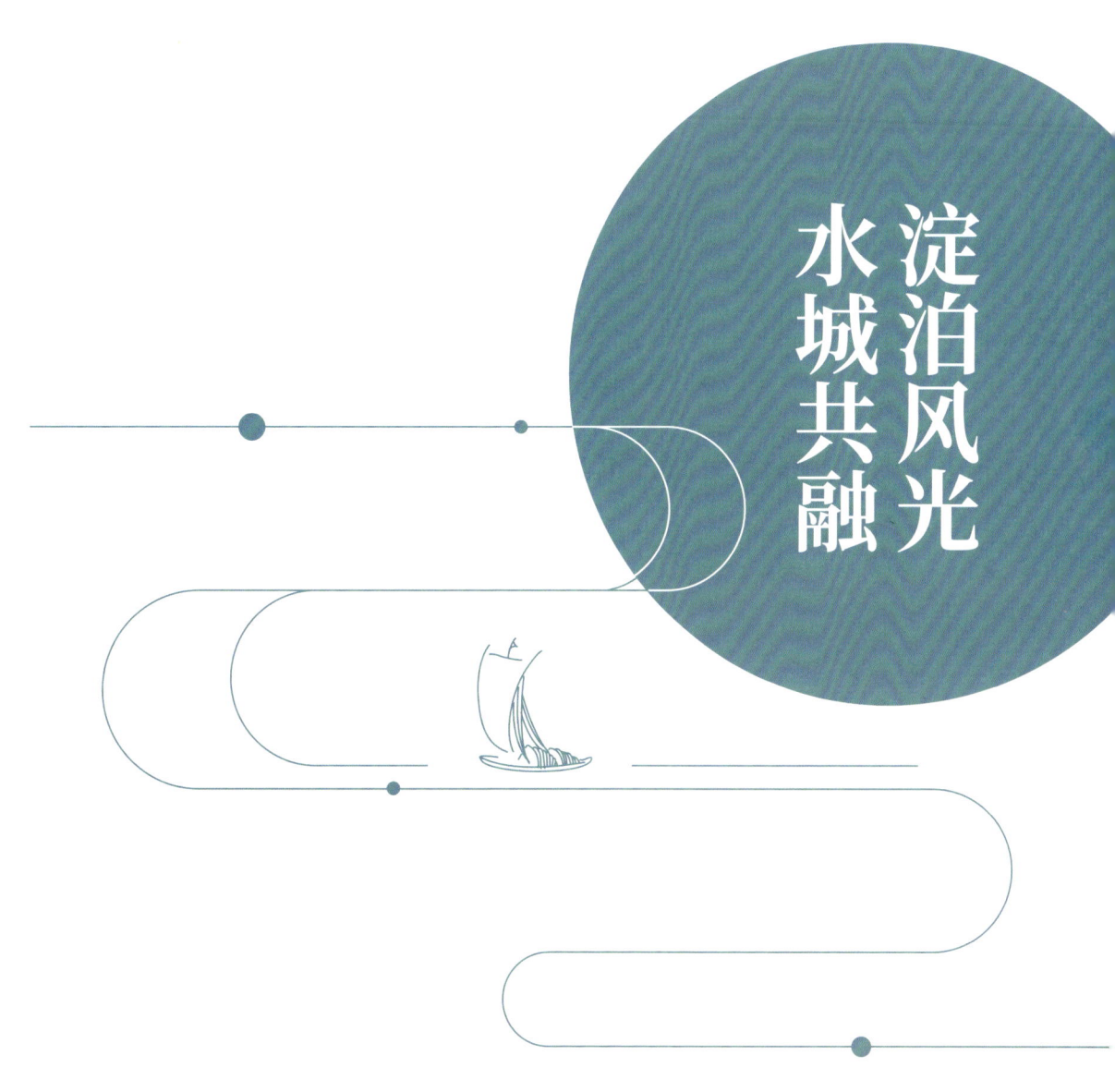

淀泊风光
水城共融

◇ 淀泊风光 水城共融

在中国版图上，长城是一横，大运河是一竖，交汇点在北京。大运河南起余杭（杭州），北到京城（北京），俗称"京杭大运河"。

京杭大运河北京段要从郭守敬谈起。郭守敬，河北邢台人，元代著名天文学家、数学家和水利学家。在元朝初年提出兴修水利设施的建议，受到忽必烈赏识。最突出的贡献是引西山诸泉水建设大都城，开通通惠河利于漕运。郭守敬究竟引导多少泉水，各种史书记载不同，以《元一统志》记载最为详细："自至元三十年浚通惠河成，上自昌平白浮村之神山泉，下流有王家山泉、昌平西虎眼泉、孟村一亩泉、西来马眼泉、侯家庄石河泉、灌石村南泉、榆河温汤龙泉、冷水泉、玉泉诸水毕合，遂建澄清闸于海子东。"沿京密引水渠今尚可寻白浮泉、温泉、冷泉、玉泉等。冷泉与玉泉下游为清河。

◇ 白浮引水 清泉入城

白浮泉是全国重点文物保护单位，位于北京城北的昌平化庄村东龙山东麓，又名龙泉。

白浮泉是白浮引水工程的源头。郭守敬为引水济漕，解决大都城的漕运，上奏元世祖引白浮泉水作大运河北端上游水源，至元二十九年（1292年）白浮堰建成。

昌平的东南有一座孤山，又名：龙泉山、龙山、神山，亦称凤凰山、白浮山、神岭山。山里源源不断的泉水，水量大且稳定。因紧邻白浮村，故称白浮泉。泉水发自山的东北麓，半山腰有一块盆地，清澈的泉水从山根处的碎石间奔涌而出，形成一潭清水。明初在泉上修建了九龙池，将水围起，流水出处有汉白玉雕刻的九个龙头嵌入石壁，池壁用的是花岗岩，泉水便从九个龙口中流出，故白浮泉又名龙泉。

龙王庙位于山巅，明洪武年间建，明清时是著名的祈雨之所，香火鼎盛。庙坐北朝南，由照壁、山门、钟鼓楼、正殿及配殿等建筑组成。院内明、清碑刻5通，是研究当时民俗风情的重要实物资料。寺院50米见方，正殿、配殿格局规整，东西两边建有钟楼和鼓楼。正殿门口的楹联为"九江八河天水总汇；五湖四海饮水思源"。横批"都龙王祠"。寺内供的是人面龙王。大殿两侧的墙上绘有彩色壁画。现在已色彩暗淡，墨迹不清。

20世纪50年代，修建了十三陵水库，加之北京城地下水水位陡降，白浮泉的龙头渐渐干涸，昔日的辉煌不再。

如今，按照"一泉三庙一楼、两山两水两村"的建设构想，昌平区正规划建设大运河源头遗址公园，推进大运河文化带的保护传承和利用。公

◇ 白浮泉九龙池遗址景观

◇ 白浮泉都龙王庙山门

◇ 白浮泉都龙王庙大殿景观

淀泊风光 水城共融 | 011

◇ 位于温泉村南山坡上的辛亥滦州起义英烈纪念塔

园内将修缮并保护"白浮泉遗址",再现燕平八景之一"白泉漱玉"。一泉三庙一楼:"一泉"即指全国重点文物保护单位"大运河——白浮泉遗址"。"三庙"即指龙山上的"都龙王庙""龙泉禅寺"和"白衣庵"。"一楼"即在都龙王庙山门下复建的古戏楼。两山两水两村:"两山"即指龙山及其西侧紧邻的凤山。"两村"即明清成村,位于两山之间的化庄村,以及村南一公里处属马池口镇的白浮村。"两水"即龙山南侧的京密引水渠(其中有段水面古称"白浮瓮山河")和龙山东侧滨河森林公园的万亩浩渺水面。

按照规划建设构想,"两山"遥相呼应,"两水"有机相依,将水系、步道、绿化带等与大运河源头遗址公园关联为一体,最终形成京北地区一条富有大运河文化底蕴的园林景观绿带。此外,昌平区还将依托大运河源头及白浮瓮山河的水文化历史资源,建设一处水文化博物馆,预计建成日期为2020年10月。

温泉位于海淀区温泉村堂子山(又名显龙山)北,水温常年保持在36摄氏度左右,明代以前就开始用于沐浴。

温泉村因村有温泉水而得名,东邻大稻地,南邻水江子,西邻周家巷,北邻辛庄。

温泉村曾名石窝村,石窝为金代之名,"石窝村一带,灵渊神濆(音粪,地底喷出的水)随在涌现,不可枚举"(《钦定日下旧闻考》)。《帝京景物略》中描述温泉"山北十里,平畴良苗,温泉出焉。泉如汤未至沸时,甓而为池,

◇ 今日海淀镇温泉村

以待浴者"。

1921年3月，在温泉村建中法大学附属温泉小学。早先的温泉池在山前，后来在山后（今北京市海淀寄读学校内），因有温热泉水冒出，而改称温泉。1924年修整山前的温泉池改称圣水堂，成立"天然疗养院"，李大钊曾化名住此院。中华人民共和国成立后，天然疗养院改为温泉工人疗养院，后又改为北京市胸科医院。

温泉村南的堂子山，状似苍龙，改称为显龙山，顶峰上有明代洪武和正统年间的石刻，1913年英敛之偕夫人刻"水流云在"四个巨字。村东有"辛亥滦州革命先烈纪念园"，是冯玉祥将军为纪念辛亥革命滦州起义殉难烈士而建的衣冠冢。1912年1月2日，冯玉祥、王金铭等在滦州、唐山一带率部起义，1936年冯玉祥在此筑塔、树碑、辟陵园，1937年4月落成，同年在此举行国葬典礼，并手书"精神不死""浩气长存"等字。园门东向，入门为石质纪念坊，其西有纪念堂，堂北有方碑记述起义经过。纪念堂和方碑已先后被毁，目前正在恢复原貌。现存的纪念碑通高2.85米，方首石座。碑身正面刻"辛亥滦州革命诸先烈纪念碑"。山巅为纪念塔，八角七层密檐式，通高12.2米，供人凭吊。现为北京海淀区温泉镇老年医院所在地。

◇ 黑龙潭龙王庙

◇ 黑龙潭遗址

黑龙潭位于海淀区西山北部的寿安山北麓，金山口冷泉村北。

泉水出露于石灰岩溶洞和裂隙中，明代为其修建了泉池。泉水溢泉池后，流入农田灌溉。山下有潭，山上建庙，龙王庙回廊将潭水环绕其中，传说有黑龙潜于潭底，故名。龙王庙门檐下正中镶嵌有"敕建黑龙王庙"的横匾，入寺一半为半圆形回廊，廊壁镶嵌什锦花窗。旧时，每遇旱情，皇帝要来此向龙王祈雨，待到龙王"显灵"，而雨水充沛时，皇帝又会来向龙王"谢祈"，由此形成制度，庙外还修建有供帝王休息的行宫。寺院依山而建，有殿堂和牌楼。庙宇殿堂顶部的吻兽，都是龙的形象。每次祈雨时还举办戏会。

1949年后在这里修建了疗养院。1984年被列为北京市文物保护单位。

冷泉位于东北旺乡辖域的西部冷泉村，东邻韩家川，南邻南羊坊，西邻环山村，北邻黑龙潭路。

明《永乐大典》载："冷泉源出青龙桥社金山口与玉泉合下流为清河。"嘉靖年间《京师五城坊巷胡同集》记有"冷泉"。《山行杂

淀泊风光 水城共融 | 017

◇ 石刻「冷泉桥」

◇ 从冷泉桥上看今日京密引水渠

记》上说:"金山口度岭至冷泉村。"据清乾隆年间《钦定日下旧闻考》载:"长乐河即安河,其地有南安河、北安河、长乐诸村。玉斗潭今佚其名,而附近之地如冷泉村、石窝村一带,灵渊神瀵,随在涌现,不可枚举。"又云:"金山口度岭至冷泉村,道旁皆水田。行二里许曰泰州务。"泉水从地下涌出,冬夏不竭。泉水四流,汇成一片又一片水面,为种植水稻提供了充足的水源。

冷泉泉址在今冷泉村西关帝庙前往南约30米处。关帝庙坐北朝南,三合布局,正殿面阔三间,院内有古柏树,树径1.1米。20世纪60年代此树杈上长出椿树1株,称之"柏抱椿"。2001年在分叉处又长出榆树1株,称为"柏抱榆"。

冷泉村落的形成,虽晚于温泉,但它的自然人文景观、文物古迹,确能与温泉村相媲美。温泉村有温泉,而冷泉村有冷泉;温泉村南那条山脉,名曰显龙山,而冷泉村那条山脉,名曰凰山。

20世纪50年代在冷泉村东山,曾发现汉墓,出土了陶器等殉葬品。汉墓的发现,证明在汉代这一地区已有先民的居落。这里没有形成村落之前,原来是一片沼泽地带。据说在低洼芦苇塘中,遍地有自流泉水。历史上,冷泉泉水滋润着这里的土地,使农作物因有水而茁壮成长,先人们逐水而居。

郭守敬引昌平白浮泉水经海淀西山转向东流,沿阳台山东麓,经温泉显龙山再向东,沿冷泉南山,就近引注冷泉水,转过黑山扈山峰向南直流注入西湖,历史上的冷泉水系为白浮堰供水的重要水源之一。

现今冷泉虽然没有泉水了,但是冷泉遗址被好心人用砖石砌了井台保存下来,是海淀区古泉文化遗址之一。

◇ 玉泉山上的玉峰塔

◇ 远眺玉泉山 近游昆明湖

玉泉在北京玉泉山上，山因泉得名。玉泉山位于颐和园西。

玉泉山位于颐和园西。这座六峰连缀、逶迤南北的玉泉山，是西山东麓的支脉，在"山之阳"，它最突出的地方是"土纹隐起，作苍龙鳞，沙痕石隙，随地皆泉"。因这里泉水"水清而碧，澄洁似玉"，故此称为"玉泉"。

玉泉水自山间石隙喷涌，水卷银花，宛如玉虹，古人诗云："玉泉之山下出泉，泉流树色镜中悬；却带西湖连内苑，直下通津先百川。"玉泉的水质，甘洌醇厚，天下闻名。相传清乾隆帝常到此处观景，为验证此泉水质，遂令人汲取全国各大名泉的水样，和玉泉水比较。古人认为水"质贵轻"，意思就是，水的重量越轻越好，乾隆令内务府制银斗测量，其结果是：济南珍珠泉斗重一两二厘；扬子江金山泉斗重一两三厘；惠山虎跑泉斗重一两四厘；平山泉斗重一两六厘；凉山、白沙、虎邱、碧云寺诸水重一两一分，只有玉泉、伊逊两地之水重一两，水轻质甘气美。从此，玉泉水定为清宫专用之水。乾隆亲题"天下第一泉"碑，并赋诗曰："功惩无双水，名称第一泉"。

燕京八景中的"玉泉趵突"指的就是玉泉山的泉水。为什么叫"玉泉趵突"呢？自金代以来，此景一直叫"玉泉垂虹"，但乾隆皇帝经过多次实地考察，认为玉泉山的水是从石缝中流出的，不能形成瀑布"垂虹"的景致，而更像趵突泉，就把名字给改成"玉泉趵突"了。

用玉泉山泉水灌溉的"京西稻"至今已有一千多年历史，2009年被

◇ 颐和园"水木自亲"码头

"水木自亲"码头是清末慈禧乘船到颐和园上岸处

◇ 颐和园龙王庙码头

南湖岛龙王庙码头是清代帝王乘船到颐和园祭拜龙王登岸处

列入海淀区文化遗产项目。元代宰相耶律楚材特用玉泉水制墨，命名"玉泉新墨"，是墨中佳品。

颐和园及昆明湖

颐和园，北京市古代皇家园林，前身为清漪园，坐落在北京西郊，距老城区15公里，占地约290公顷，与圆明园毗邻。

颐和园自万寿山顶的智慧海向下，由佛香阁、德辉殿、排云殿、排云门、云辉玉宇坊，构成了一条层次分明的中轴线。山下是一条长700多米的"长廊"，长廊枋梁上有彩画14000多幅，号称"世界第一廊"。长廊之前是昆明湖，昆明湖的西堤是仿照西湖的苏堤建造的。颐和园，是汲取江南园林的设计手法而建成的一座大型山水园林，也是保存最完整的一座皇家行宫御苑，被誉为"皇家园林博物馆"。

颐和园的昆明湖，是北京近郊最吸引人的水域。昆明湖的水面占公园总面积的3/4，根据水域的分割状况，昆明湖分为三个部分，即大湖、西湖和后湖。其中西湖又可分为南北两个区域，昆明湖绕流万寿山后山脚下的溪河，称为后湖。后湖也可分为后湖和谐趣园湖两部分，但主要水面集中在大湖。昆明湖总面积有3000亩之阔，比北京市内的五个北海还要大。

昆明湖原为北京西北郊众多泉水汇聚成的天然湖泊，曾有七里泺、大泊湖等名称。后因万寿山前身有瓮山之名，又称瓮山泊。昆明湖是一个半天然、半人工湖，原先这里是西山山麓拱积扇前缘由泉水汇集成的一块沼

◇ 昔日瓮山泊今日昆明湖

淀泊风光 水城共融 | 025

◇ 昆明湖上游船画舫

◇ 颐和园内石舫

◇ 颐和园东堤上的铜牛

颐和园铜牛坐落在东堤，于清乾隆年间铸造，点缀在昆明湖岸边，是希望它能永久地降服水患，给皇家园林及附近百姓生活带来祥福。在铜牛背上有乾隆皇帝四言铭文：『夏禹治河，铁牛传颂，义重安澜，后人景从。制寓刚戊，象取厚坤。蛟龙远避，讵数鼍鼋。潆此昆明，澒流万顷。金写神牛，用镇悠永。巴邱淮水，共贯同条。人称汉武，我慕唐尧，瑞应之符，逮于西海。敬兹降祥，乾隆乙亥。』此铭文被称为《金牛铭》。

淀泊风光 水城共融 | 027

◇ 颐和园内凤凰墩

◇ 颐和园内大船坞

◇ 颐和园后湖水乡景观——苏州街

◇ 颐和园内清漪桥

◇ 颐和园苏州街三孔桥景观

泽低地。1153年，金定都燕京（改称中都）后，金主完颜亮看中这块风水宝地，就在此建造金山行宫。到金章宗时，更从西面的玉泉山引泉水注金山脚下，使它成为一处储水地，称金水河，这就是今日昆明湖的前身。元定都大都（北京）后，为增大金水河水量以供应京都漕运之需，郭守敬开发上游水源，导引昌平白浮村的泉水和玉泉山的泉水及沿途流水入泊，成为大都城内接济漕运的水库。当时金山改称瓮山，湖泊就改名瓮山泊，水面比原先扩大。明代湖中多植荷花，周围水田种植稻谷，湖旁又有寺院、亭台之胜，酷似江南风景，遂有"西湖""西湖景"之誉。明武宗、明神宗都曾在此泛舟钓鱼取乐。后白浮村泉水渠道（白浮堰）失修，水源枯竭，瓮山泊面积缩小。清乾隆建清漪园时，将湖开拓，凿深了瓮山泊并加以扩充，绕流万寿山后山脚下的溪河，称为后湖，成为面积比明代时扩大两倍的巨浸，始名昆明湖。这一命名，是乾隆帝采用的汉武帝在长安都城凿昆明池操练水师的典故，此名沿用至今。

颐和园是晚清最高统治者在紫禁城之外最重要的政治和外交活动中心，是中国近代历史的重要见证与诸多重大历史事件的发生地。1900年8月15日，八国联军侵占北京。慈禧太后和光绪帝经颐和园出逃。8月19日，俄国军队首先侵占颐和园。以后，日、英、意军又相继占据。颐和园在被占期间，所存珍宝被侵略者抢掠一空，不少建筑惨遭焚毁。1914年，颐和园曾作为溥仪私产对外开放。1928年南京国民政府内政部正式接收管理，成为国家公园正式对外开放。

1949年，中华人民共和国成立后，人民政府多次拨专款对颐和园进行全面的修缮。1961年，国务院公布颐和园为全国重点文物保护单位，饱经历史沧桑的古老名园，开启了新的华彩篇章。

◇ 长河上游景观

长河

北京西郊一带，山明水秀，河渠纵横。在这块宝地上，有一条逶迤东流的长河，是明清时期皇都北京城外的御用河道。

当时皇家的帝后王妃，赴西郊各行宫御苑，若乘舟行船，都必须通过这条著名的河道。长河全长30多里，原是历代京城的引水河道，它从西山山麓通过昆明湖，至海淀麦庄桥，折向东南，遇西直门注入北护城河，再东流至德胜门入"水关"，进积水潭。元代郭守敬引白浮泉及西山诸泉水通过这条河道入大都城，再连接通惠河，以兴漕运。

长河，在不同的历史时期有不同的名字。辽代称"高梁河"，金代称"皂河"，元代称"金水河"，明代称"玉河"，清代始称"长河"。

长河在明代晚期，由于年久失修，逐渐淤塞。到了清代，乾隆帝兴修水利，于乾隆十六年（1751年）完成了对长河河底的清挖，并局部拓宽、整理泊岸。疏浚后的长河，既是皇家由大内通往西郊的御用水路，也是一条可以灌溉普通农田的河道。乾隆为此还曾赋诗一首："长河雨后波增涨，趁爽平明好进船。柳岸忽闻嫩簧响，始知复育化成蝉。"咸丰十年（1860年），英法联军焚毁破坏了西郊的皇家园林，长河沿岸的树木也都被烧光。昔日翠柳成荫，清波荡漾的皇家御河，呈现出破败不堪的凄凉景象。光绪十二年（1886年），慈禧乘龙船途经长河时，见到破败之景，即命醇亲王整理长河两岸。然而庚子年（1900年），八国联军入侵北京。经过治理的长河沿岸的树木再次被烧光。自此之后，清室已无力进行治理。这条御河也再没能恢复昔日的繁荣。

长河在历史上系古都重要的水利命脉，它是古都北京几百年建设中改

◇ 长河中游景观

◇ 长河也俗称『慈禧水道』

034 | 图说北京大运河文化带

◇ 长河广源闸遗址上的镇水兽

◇ 长河广源闸遗址

淀泊风光 水城共融 | 035

◇ 长河岸边万寿寺

◇ 万寿寺山门

造自然和利用自然的一项水利科技成果。伴随长河的发展建设，在长河流域形成了一种地域性的文化，主要表征是聚宗教、园林建筑于河道沿线的水域风景线，融郊游、庙会等都市民俗文化于一堂的民情热线，举皇家水上御道和行官并存的宫廷文化专线。这些特征和文化现象使长河沿线在元明清时期构成具有独特古都风貌的文化"走廊"。长河地域文化是古都历史文化的特殊产物，是一种依赖水系生存和发展、由特殊地理环境产生的文化，从多个方面反映了古都北京的历史文化和社会现象。

万寿寺

万寿寺位于北京海淀区长河（高梁河）广源闸西侧，原称聚瑟寺，建于唐朝。明万历五年（1577年）改为万寿寺，主要收藏经卷。

清朝顺治二年、康熙二十五年、乾隆十六年、乾隆二十六年以及光绪二十年都重新进行过修葺。光绪初年曾毁于火，之后成为菜圃，到光绪二十年（1894年）重修万寿寺作为行宫，连菜圃一起圈入。乾隆曾三次在寺中为其母祝寿。慈禧来往颐和园时会在万寿寺拈香礼佛，在西跨院行宫吃茶点，故有小宁寿宫之称。现大钟寺内的钟王"永乐大钟"原在万寿寺中。

万寿寺深庭广厦，琼楼玉宇，雕梁画栋，极其宏丽。其间曲栏回廊，御书碑亭，青石假山，古道地宫，苍松翠柏错落有致，占地三万余平方米。寺内分东、中、西三路。中路为主体建筑，山门以内共七进院落，向北依次为天王殿、大雄宝殿（即大延寿殿）、万寿阁、大禅堂、御碑亭、无量

◇ 万寿寺内中西合璧院门

◇ 万寿寺内俗称的『慈禧太后梳妆楼』

淀泊风光 水城共融 | 039

◇ 长河边上的庆寿寺遗址

◇ 紫竹院北面『紫御湾』码头景观

寿佛殿、万寿楼等，各殿两侧有配殿配房。大禅堂后建有三座假山，象征普陀、峨眉、清凉三山，假山上有观音、文殊、普贤三大殿，山后为御碑亭。东路为方丈院和圃园，即僧人生活区。西路在乾隆年间改为行宫院。

1934年前后，万寿寺的前部曾用作东北难民子弟学校。

1985年万寿寺辟为北京艺术博物馆，馆内收藏各类古代艺术品5万余件，时代上起原始社会，下迄明清，尤以明清时期蔚为大观。藏品门类广泛，主要包括历代书法和绘画、碑帖及名人书札，宫廷织绣、宫室瓷器、古代家具、历代钱币及玺印等。其他如青铜器、玉石器、竹木牙角器、佛造像、鼻烟壶等，不胜枚举。字画有齐白石、张大千、徐悲鸿等大师的传世之作。艺术博物馆还收藏了上自宋代下至民国的古籍图书十余万册。

2006年5月25日，万寿寺被国务院批准为第六批全国重点文物保护单位。

紫竹禅院为清代行宫御园。坐落于北京城西直门外白石桥以西，今紫竹院公园内。

这里原是高梁河上游。元代蓄引玉泉水为湖。明代在广源闸地段的长河南岸开拓别港，作为御舟停泊处。山坡上建万寿寺下院，寺庙建得并不宏大，但依山傍水，庙前植有竹林，显得十分幽静。对江南景色情有独钟的乾隆，在陪母亲钮祜禄氏去万寿寺进香的时候，相中了这座寺庙。之后，他为了孝敬母亲，在庙内供奉了一尊观音像，并给这个寺庙赐名"紫

◇ 紫竹院内紫竹禅院山门

淀泊风光 水城共融 | 043

◇ 紫竹禅院内景观

◇ 紫竹院内行宫大门

◇ 紫竹院内行宫报恩楼

淀泊风光 水城共融 | 045

◇ 动物园大门上精美雕刻

◇ 长河南岸动物园大门

竹禅院"。行宫有宫门三楹，宫门的东西两侧建有倒座房各3间，两旁各开一个门，进门两侧各建折角游廊15间，沿游廊可以到正殿。正殿五楹，殿四出廊厦，再进为二宫门三楹，进门正北建有九楹的两层楼阁，中悬匾额"报恩楼"为乾隆御笔。院中植有专门从南方移植来的名贵翠竹及各种花草。清代把这座寺庙纳入皇家寺庙名册，归宫里的内务府管理，是清代帝后乘船游颐和园途中歇脚处。

畅观楼始建于光绪三十二年（1906年），为农事试验场中的重要建筑。

光绪三十四年（1908年）初，农事试验场全部竣工，畅观楼也同期建成。农历四月，慈禧提出要来农事试验场参观，四月十一日畅观楼行宫全部修饰竣工，以备两宫来此休息。慈禧、光绪先到动物园参观，而后又游览植物园，自植物园出来后，即到畅观楼小憩，喝茶、吃点心，登平台观看农事试验场全貌。因在畅观楼平台上可将西山景致尽收眼底，慈禧故为畅观楼题写匾额"畅观楼"。畅观楼匾额为景泰蓝镂空镶嵌，十分精美。

畅观楼融合东西方建筑精华。整座楼为七楹两层，墙体均为清水墙，土红色墙体。有75厘米高的基座，为灰色砖砌筑。楼的东西两侧不对称，东边为圆柱形三层，楼顶为一圆形平台，有一圈紫铜制作的欧式花饰栏杆，在此可俯视远处。西边为八角形二层，屋顶为西式盔顶。楼的正面中

◇ 畅观楼——中国封建社会修建的最后一座皇帝离宫

间有一凸出带廊柱的雨篷。雨篷的顶部为二层室外平台，设有欧式的花瓶石雕栏杆。正面为七开间，两边分别三开间外廊。一层外廊设有45厘米高的座凳；二层外廊有1米左右的栏杆，上下栏杆均为绿色。外廊一层的墙面镶嵌有中国卷草饰祥的砖雕；二层的墙面上，只在门窗的拱顶部分，稍作修饰。楼的东西面及南北面中间处，均有相对应的阶梯形马头墙，每一台阶处又有一似宝葫芦形的饰物，饰物均为绿色。畅观楼三面环水，楼南数十米处有一座白石小桥，曰南熏桥。桥南东有一铜狮，西有一麒麟。

　　1949年中华人民共和国成立后，国家即出资修缮畅观楼。1957年，畅观楼被辟为中小学生生物馆。1980年北京动物园在畅观楼着手筹建"青少年科普馆"，面积1000多平方米。9月开馆，接待有组织参观的中小学生。该馆是全国动物园中展览内容最多、面积最大的科普馆。1984年，畅观楼被北京市人民政府列为北京市市级文物保护单位。

◇ 动物园内长河景观

◇ 动物园内引长河水修建的湿地景观

五塔寺位于北京市海淀区西直门外白石桥以东的长河北岸,占地面积1.7万平方米。

五塔寺是真觉寺的俗称,创建于明永乐年间(1403～1424年)。建成于明成化九年(1473年),初名真觉寺,后改名大正觉寺,俗称五塔寺是因寺内高石台上有五座小型石塔,约建成于明成化九年(1473年),名为"金刚宝座塔"。金刚宝座塔在造型上属于印度形式,但在结构上,明显地表现了中国特有的建筑风格。

据史书记载,明永乐初年,印度僧人班迪达自西域来京,向明成祖朱棣呈献了五尊金佛和印度式"佛陀伽耶塔"即金刚宝座的规式。明成祖封他为大国师,授予金印,并赐地于西关(今西直门)外长河(今高梁河)北岸,为之建寺,寺名"真觉"。建成后的五塔寺前临长河背倚西山,成为当时京城士人重阳登高、清明踏青的去处。八国联军侵华后寺院荡然无存,唯塔幸存。这种类型的塔,现全国仅存六座:三座在北京,即五塔寺、碧云寺和黄寺各一座;另外三座一在内蒙古呼和浩特;一在云南昆明妙莲寺;一在河北正定广惠寺。其中推北京五塔寺最为精美。

五塔寺金刚宝座塔是佛教艺术的结晶。在宝座和五塔的须弥座上密布着佛足迹、佛像、五佛宝座、八宝金刚杵、菩提树、花瓶、天王、罗汉、梵文等。这些内容大多属藏传佛教题材,对佛学研究有重大参考价值。金刚宝座塔虽然是以印度的"佛陀迦耶塔"为蓝本,但还是融合了我国传统的建筑和雕刻艺术,成为中国建筑与外来文化互相结合的杰作,是中外文化交流的实证。正是由于在历史、艺术上具有的特殊价值,五塔寺金刚宝

◇ 五塔寺金刚宝座塔

◇ 五塔寺山门

◇ 五塔寺内碑刻

淀泊风光 水城共融 | 053

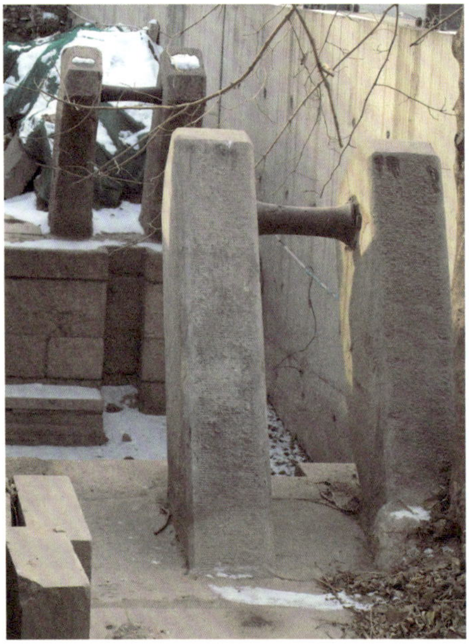

◇高梁闸遗址

◇高梁桥遗址

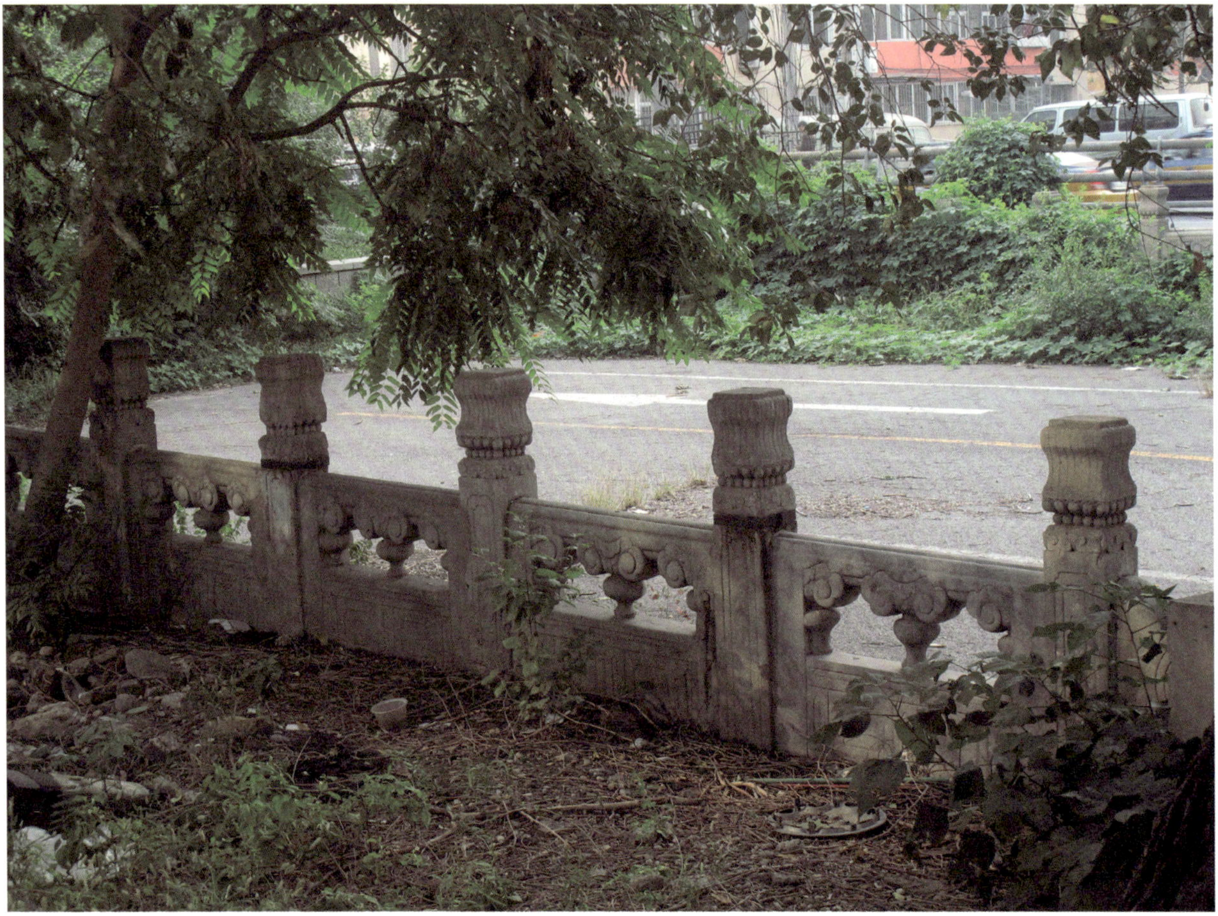

座塔 1961 年被列为第一批全国重点文物保护单位。

　　1949 年后，政府部门对这一古老精美的佛教建筑十分重视，多次进行维修，特别是 1976 年唐山地震波及北京，使宝塔塔基下沉、后部开裂，政府于 1979 年较全面地对古塔进行了修缮，1980 年北京市人民政府批准成立五塔寺文物保管所，并于 1982 年 10 月正式对外开放。寺内还开辟了"金刚宝座塔资料陈列室"和"中国古塔图片展览室"等，以供游人观赏研究。1987 年 10 月 6 日，正式成立北京石刻艺术博物馆。该馆藏有石刻文物几千件，精品有汉朝的阙柱、北齐造像、唐代木制等。

高梁桥又称高亮桥，传说中高梁桥源于高亮赶水的故事。刘伯温的大将高亮为北京城保住了水源，北京人为了纪念他，便在他被淹的地方修起一座白色的小石桥，取名"高亮桥"，后音转为"高梁桥"。

　　高梁桥位于北京市西直门外，北京展览馆东北侧，高梁河上。始建于元代至元二十九年（1292 年，也有说建于明初的），现存桥为清代所建，被列入海淀区重点文物保护单位。元朝建大都就在这一带，高梁桥是元代出和义门的主要道路。明、清时为出西直门往西北向的主要道路。

　　元代皇帝忽必烈，为了满足元大都城市用水需要和南粮北运的需要，派都水监郭守敬引昌平白浮泉及西山玉泉诸水，汇流至止，转入护城河、积水潭，乃至通惠河。明清之际为北京前往西山园林风景区的水道。桥下有闸，桥西南有船坞，桥东北有倚虹堂。桥下的高梁河由玉泉山、昆明湖流向德胜门水关。《天咫偶闻》所谓："西直门而西北，有如山荫道上，应接不暇，去城最近者为高梁桥……沿河高楼多茶肆。"慈禧太后去颐和园往往在高梁桥附近的倚虹堂船坞上船，经白石桥、万寿寺、麦钟桥、长春桥，直达颐和园和玉泉山。高梁桥以西，垂柳成荫，风光秀丽，为老北京的春游踏青胜地。

　　高梁桥原来在桥的南北各有牌坊一座，南牌坊之南额题为"长源"，北额题为"永泽"，北牌坊之北额题为"姿安"，南额题为"广润"。高梁桥原桥是青白石三孔拱桥，桥结构规矩、坚固，桥基是双层条石砌成的整底板，桥上下游墁也是双层条石，石板下有基础小柏木桩，河墁边沿有一排铁柱穿透石板，使桥的整体性加强。1909年，京张铁路建成，起点西直门火车站即在高梁桥东侧。高梁桥也随之繁华起来，路旁两侧商贾云集，店铺林立。1949年，北平和平解放时，人民解放军入城式也发生在这一带。中华人民共和国成立后，高梁桥逐渐被民宅及市场所掩没，高梁河在桥北侧修成暗河；南侧则形成了水沟。多年来高梁桥被改造维修过多次，原桥面的长条石早已不见，三孔桥身也不见了。现在的高梁桥，桥长约16米，宽约10米，桥上有16对石柱护板，桥两端是石刻抱鼓石。2003年暗河被挖开，重新修葺了河道，并在北边新建一座桥。高梁桥也因高梁桥路的繁华而成为交通堵塞路段，如今高梁桥路已改从该桥两旁经过了。

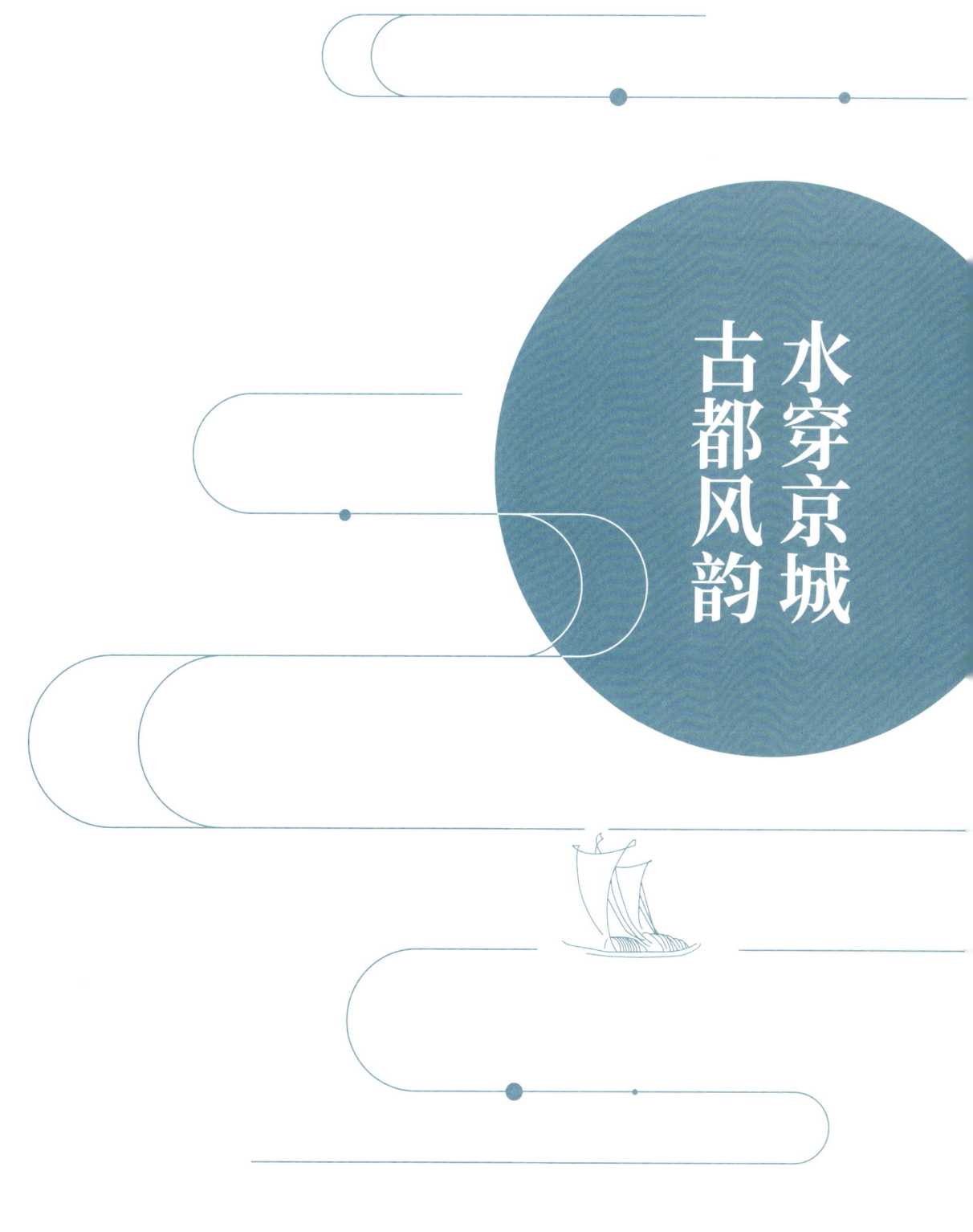

水穿京城
古都风韵

京杭大运河是北京城的生命线。京杭大运河在为北京城源源不断地运送物资的同时，也促成了京城的城市水道格局。元代，通惠河在大都城穿流，水道漫长、流域广阔，形成了大都城内的壮丽水景。在京杭大运河的滋养之下，北京城内既有河道、码头、闸坝以及各类附属建筑，又有民居、庙宇、道观、会馆、园林等，共同形成了河道沿线独具特色的建筑群落和文物名胜，展现出京杭大运河绚丽多彩的文化遗产。

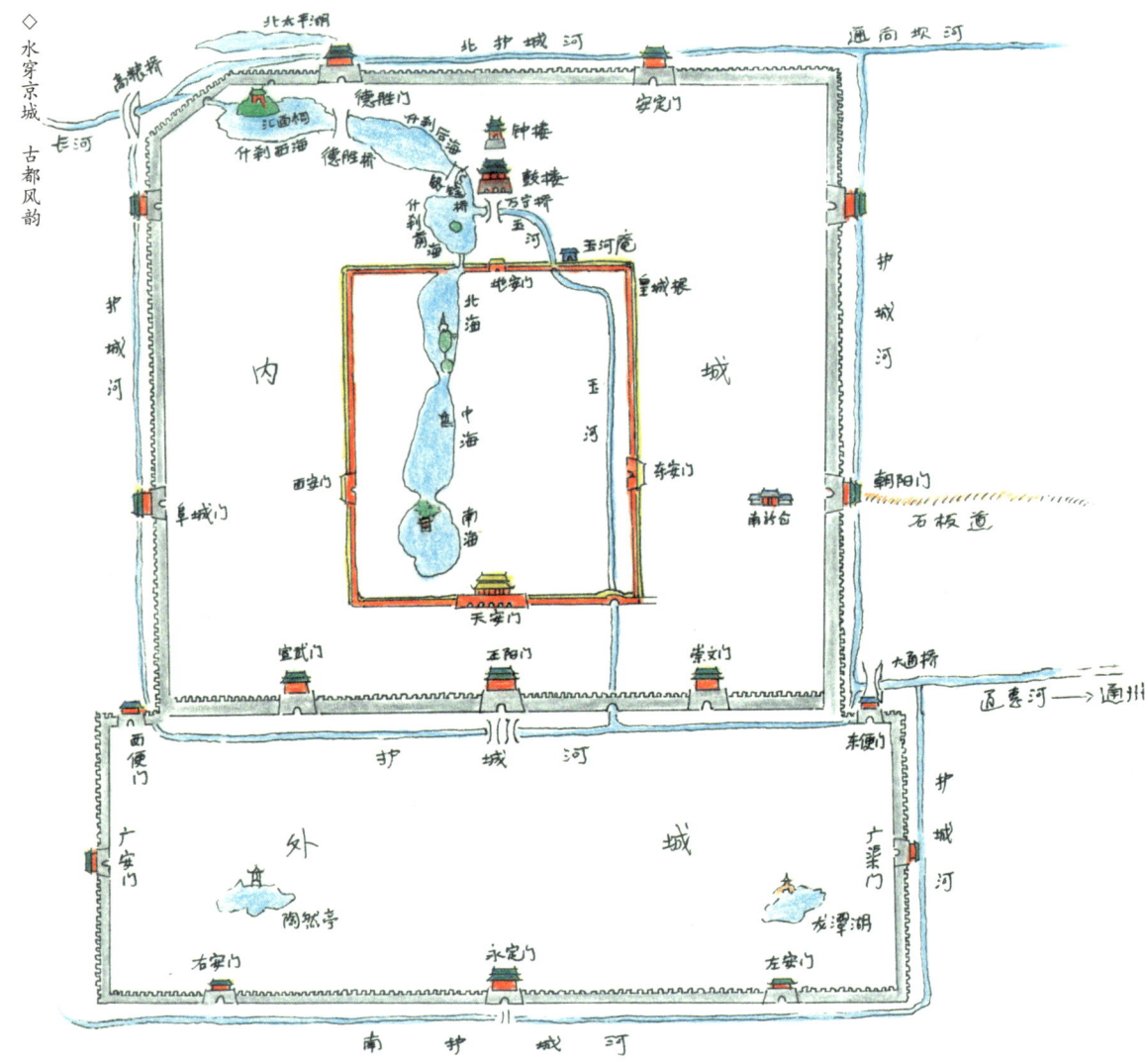

◇ 水穿京城 古都风韵

汇通祠（郭守敬纪念馆）

汇通祠始建于明永乐年间，旧称法华寺，又称镇水观音庵，位于什刹海西海西北小岛上。清乾隆二十六年（1761年）重修，改名汇通祠，并立御制诗碑。

现存的重修汇通祠的珍贵实物——汇通祠乾隆御制诗碑，碑身通高2.43米，方座夔龙首，碑阳为行书体乾隆御制《汇通祠诗》，碑阴为行书体乾隆御制《积水潭即景诗》三首，碑身西侧有乾隆五十一年（1784年）御制诗。该诗碑是积水潭地区变迁的历史见证。此碑现复立于北二环路边新建的碑亭中。2007年7月，乾隆御制诗碑被列为西城区文物保护单位。

祠内有巨石一块，据说是一千多年前自天而降之陨石，《燕都杂咏》这样描述："鲜彩临风展异姿，摇光耀日具威仪。陨星天使成良构，不数当年断磬奇。"石高六尺五寸，上有天然形成类似一鸡一狮之形状，鸡为左向右走式，狮为右向下伏式，故名鸡狮石。积水潭古时又名鸡狮潭，亦是因此石而得名。20世纪60年代中期，鸡狮石被人从山上推下，砸碎抛于河道之中。此石于80年代中期重雕，立于北山坡。

附近有水关，水关处安放一尊镇水石螭，长约1.9米。

1976年，因修建二环路地铁，汇通祠被全部拆除。1986年9月，北京市西城区政府决定复建汇通祠，辟为郭守敬纪念馆，以纪念郭守敬的历史功绩。西城区政府委托清华大学吴良镛教授等承担汇通祠的施工设计，于1988年9月27日竣工。汇通祠楼北侧有吴良镛撰文并书的《重修汇通祠记》。北京有不少以历史名人故居建立的纪念馆或博物馆，但是专门为古代著名的科学家建立的纪念馆，郭守敬纪念馆恐怕是独一无二的。纪念

◇ 北护城河水闸景观

◇ 什刹西海汇通祠山门

馆占地面积近800平方米，建筑面积400平方米。1988年10月1日，郭守敬纪念馆正式对公众开放。2007年8月至2008年8月，西城区政府对郭守敬纪念馆进行修缮，完善基础设施，并将原有的展览内容及形式进行调整更新。汇通祠建筑造型得体，格调素雅，步入园中，小径蜿蜒，假山叠石，错落有致，登高放眼，可见清水悠悠，小桥卧波，林荫掩映。

改造后的郭守敬纪念馆主题定位为：纪念科学巨星，弘扬民族创新。纪念馆辟有四个展厅，第一展厅"生平大事"，以大事记的形式介绍郭守敬的一生；第二展厅"元代积水潭"，介绍积水潭的形成及积水潭对兴建元大都城的决定性作用；第三展厅"大都治水"，介绍郭守敬治水业绩中最为辉煌的篇章；第四展厅"测天制历"，介绍郭守敬从事天文及历法的研究和实践活动。郭守敬最大的成就是在水利方面，从"郭守敬与大都水利"展览中可窥见一斑。他一生中大部分时间从事水利建设，足迹遍及半个中国，完成大小百余处河渠泊堰的治理，对大都的水利建设贡献最为突出，曾主持开发当时为大都水源的白浮堰，开通惠河，促进了元大都的经济发展。馆内还展出有元代水关模型、元代粮船的铁锚和有关的书籍。游人至此，既可漫步于曲折小径之上，尽享园林美景，又可睹物思人，追念这位古代伟大的科学家。

◇ 汇通祠"鸡狮"奇石

◇ 汇通祠镇水兽

◇ 进入什刹西海水道

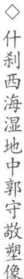
◇ 什刹西海湿地中郭守敬塑像

什刹海

京城有水，源于白浮之泉，流于瓮山之泊，经高粱故道，积水成潭，是为什刹海。

什刹海在京杭大运河占有特殊的地位，它是京杭大运河的终点码头，也是通惠河的起点。世界遗产大运河北京地区的四个遗产点，在什刹海周边就有三个。

什刹海水域的名称最早见于《金史·河渠志》，称之为"白莲潭"，包括今日什刹海三海和今北海、中海水域。金世宗时，在金中都东北郊野的白莲潭修筑离宫——太宁宫（也称万宁宫）和太液池。金世宗帝每年来此设朝达四个月之久。自此，白莲潭一截为二：南半部即今北海、中海水域成御园，北半部即今什刹三海仍属郊外，有散布的村落。南北两部分水域开始朝不同方向发展。元朝修筑元大都时，将太液池包入皇城之中，元朝的太液池范围相当于今日的北海和中海。明成祖定都北京后，从1406年起营建新的皇宫，明朝宫城在元朝宫殿的位置基础上向南移动，因此皇城城墙也随之南移，为丰富皇城园林景观，开挖了南海，挖出的土方和开凿筒子河的土方堆成万岁山（即景山）。元大都城与金中都相比，城中心北移，将白莲潭全部圈入城中，南半部水域成为皇家内苑，北半部水域改称积水潭，也叫海子。

元至元三十年（1293年），由郭守敬设计并主持施工，成功修筑了通惠河。通惠河导引昌平白浮泉等诸泉水，经瓮山泊（今昆明湖前身），自和义门北水关入大都城，汇于积水潭。

大都至通州的漕运，使积水潭一带水面成了大运河漕运的北方终点码

◇ 什刹西海码头

◇ 什刹西海望海楼

头，因此从元代起，三海地区岸边逐渐成为交通要津和繁华的商业区。当时的积水潭，湖内是商船蔽水，岸上是车水马龙，酒肆茶棚、商贾戏班云集，热闹非凡。那时站在银锭桥上向西望可看到西山的连绵山峰，留下燕山八景之一"银锭观山"的佳话。古人常用"舳舻蔽水"来形容元代时积水潭码头的盛景。

漕运推动了什刹海地区的发展。开阔的水面与城市景观和人民生活非常自然和谐地融为一体，是古都城区唯一具有开阔水面的开放型景区。什刹海两岸垂柳依依，掩映其中的王府、贝勒府、名人故居、寺庙道庵以及传统民居折射着深邃的中华人文精神，承载着恢宏大气的东方建筑美学，使得什刹海极具历史和文化价值。什刹海历史文化积淀深厚，有40余处文物保护单位。有位于北京旧城中轴线北端的钟楼、鼓楼，有北城仅存的德胜门箭楼，有著名的恭王府、宋庆龄故居、郭沫若纪念馆等众多古建筑，在北京城市建设发展史与政治文化史上都占有重要地位。

随着自然条件的变化，如今什刹海和京杭大运河已经很难连接了，不过水脉虽不通但文脉可传承。京杭大运河已经于2014年入选了世界文化遗产名录，是我国一笔丰厚的人类文化遗产，是与长城比肩的中华民族文化身份象征。大运河"漂"来了一个偌大北京城，也繁盛了运河沿线一座座城市，哺育了沿岸的运河儿女。沿着运河行走，你能发现太多包括地名、建筑、诗歌、戏曲、工艺、美食、传说等运河留下的文化印记。曾经作为北方总码头的什刹海地区，同样留下了丰富的运河文化遗迹。

近年来，北京市在什刹海地区已经做了不少与大运河文脉重新连接的努力。在前海火神庙广场可以看到京杭运河积水潭港碑，在万宁桥畔也可以看到大运河临时邮局、中国大运河世界遗产区界桩。跨过万宁桥，在玉河故道北段可以看到通惠河玉河遗址碑。过了东不压桥，在玉河故道南段，还建了一排古色古香的大运河沿途风光木雕。同时，北京市还制订了醇亲王府、庆王府、会贤堂等什刹海周边文物建筑群腾退项目清单、腾退进度

◇ 今日什刹后海人行步道景观

◇ 连接什刹西海与后海的德胜桥

068 | 图说北京大运河文化带

计划及腾退后的文物修缮计划，加快推进什刹海周边历史风貌整治，现在什刹海西海湿地公园已开门迎客，北京内城又多一个充满自然野趣的湿地公园，北京市民也多了一个休闲好去处。

德胜桥位于"摄政王府"西南500米德胜门内大街什刹海后海与西海交汇处，是后海与西海的分界桥。

元初，积水潭与什刹海是一片海子。建元大都城时设水关，积水潭的水位有所下降，积水潭水域与什刹海水域渐渐地分开。明代修筑北京城时在此建石桥，为闸桥合一的单孔石拱桥，因地近德胜门而得名。

德胜桥将积水潭一分为二，桥西称积水潭，桥东称什刹海。现存德胜桥单孔，砖砌石拱，长约18米，宽约11米。东西两侧各有望柱6根，高1.2米，方形。栏板5块，高1米，宽3.1米。桥面原为拱形，1919年改为平缓的桥面，并增设步行道。1943年改石栏板为城砖砌筑的宇墙式栏板。老德胜桥西接夹城巷，东连长板巷，为双曲拱桥，建于20世纪70年代。桥梁两侧是一条约200米的弯曲细长的引水河道。河中流水清澈。两岸高柳摇翠。西海水经过弯曲的引水河道，由德胜桥下穿过。历史上的德胜桥"桥上盖亭"，每逢十五，有一刻，月亮刚好落在桥上的亭子后，人从桥上走过，仿佛"人在月中"，故名"德胜伴月"或"德胜望月"。

明代，德胜桥东曾有大面积稻田，至清代尚有记载称此地"稻田八百亩，以供御用，内官监四十人领之"。桥两侧"缥萍映波，黍稷粳稻"的风光

◇ 什刹后海龙华寺旧址

◇ 什刹后海通风廊道

在北京城内十分鲜见。达官显贵纷纷于这里兴建名园,如定国公园、米氏漫园、杨园等,但今俱无遗迹可考。释家对这里的环境亦颇感兴趣,"桥东有永泉庵,北有佑圣寺,唐遗刹也。少东为寿明寺"(《光绪顺天府志》)。清《钦定日下旧闻考》转引《燕都游览志》:"德胜桥在德胜门内。西有积水潭,潭水注桥下,东行。桥卑不能度舟。湖中鼓人抵桥俱登岸,空舟顺流始得渡,复登舟东泛。"可知当年德胜桥畔设有码头。每年的阴历六月六,有吹鼓手引路,列队牵来大批马匹到德胜桥旁湖边刷洗。德胜桥呈现出桥上过人走车,桥下行船渡舟,湖边刷洗马匹的景象。

近代著名作家老舍先生住在距离德胜桥不远的羊圈胡同,什刹海是他小时候游玩的地方,他对此地印象深刻,在其文学作品中就有这样的描写:"到了德胜桥,西边一湾绿水,缓缓地从净业湖向东流来,两岸青石上几个赤足的小孩子,低着头,持着长细的竹竿钓麦穗鱼。桥东一片荷塘,岸际围着青青的芦苇。"这一描述正是民国时期德胜桥四周环境的真实写照,复原了当年生活在这里的百姓们的市井生活。

中华人民共和国成立之后,人民政府对什刹海水系和周边环境进行了治理,1984年对德胜桥大规模修缮。1987年在桥东建后海儿童乐园,并立康克清1987年5月题写的"西城区什刹海儿童乐园""西城区儿童乐园兴建记",在儿童乐园立有"向资助什刹海儿童乐园的单位和个人致敬"碑,以示纪念。德胜桥于1989年8月1日被列为西城区文物保护单位,如今德胜古桥以特有的魅力展现在世人面前。

◇ 银锭桥边烤肉季

◇ 什刹后海北岸西域式门楼

◇ 什刹后海景观

水穿京城 古都风韵 | 075

◇ 火德真君庙面向老城中轴线大门

◇ 什刹前海东岸休闲亭

◇ 什刹前海东北方位的钟鼓楼

◇ 火德真君庙坐北朝南山门

水穿京城 古都风韵 | 077

◇ 什刹前海荷花盛开景观

银锭桥

北京什刹海的前海与后海，像一个颀长的葫芦，在其蜂腰部有一座汉白玉小石拱桥，长12米、宽7米、高8米、跨径5米，有镂空云花栏板5块、翠瓶卷花望柱6根，因桥形似元宝，取名"银锭桥"。

这座桥始建于明代，已有500多年的历史，现在的桥是1984年重建的。在桥身正面镌刻着由故宫博物院原副院长单士元先生题写的"银锭桥"三个楷体大字。字体工整浑厚，满着绿色，与周围的碧水、高杨、翠柳相融。桥东南立有杨萱庭手书的"银锭观山"和朱家溍撰文的《银锭观山碑记》碑。桥下水波粼粼，金光闪闪，桥畔杨柳夹岸，葱茏流翠；桥周围古宅相拥，胡同密集，古韵悠然；隐于浓荫中的王府、寺庙的屋顶飞檐依稀可见；桥的近处还有宋庆龄、郭沫若等多处名人故居，一派清雅幽静的氛围。

别看银锭桥桥体不大，却是什刹海景区的点睛之笔，有"三绝"著称，即：眺望西山，观赏荷花，品尝烤肉。

"三绝"之首是眺望西山。人们站在北京城内的任何一块平地上，都看不到郊外的西山。唯独站在与地面等高的银锭桥上，可领略西山

◇ 银锭桥

◇ 什刹前海金锭桥

浮烟晴翠的绰约丰姿。现今驻足银锭桥头，虽无古时"晓青暮紫，近如可攀"，但遇到天高云淡之时，依然可以饱览西山翠色。

"三绝"之雅是观赏荷花。清代竹枝诗吟道："地安门外赏荷时，数里红莲映碧池，好是天香楼上座，酒阑人醉雨丝丝。"在什刹海，每当赤日炎炎的盛夏，正是那"出淤泥而不染，濯清涟而不妖"的"花中君子"竞相吐艳之时。远山、近水、荷花，成了明代文人眼中"城中第一佳山水"。清代文学家纳兰性德笔下的"藕风轻，莲露冷，断虹收。正红窗，初上帘钩。田田翠盖，趁斜阳，鱼浪香浮……"，就像一幅美不胜收的天然图画。

"三绝"之美是品尝烤肉。"客旅京华，问道季家何处？香浮什刹，引来银锭桥边。"这副对联告诉我们，距银锭桥数十步处，便是百年老字号"烤肉季"。不少文化名人、外国宾客都曾在这里品尝烤肉，临窗频览，品味民情、民俗、民风、美景、美文。

元代时什刹海的水由湖东南部经万宁桥流出，明代以后又增加了流向北海的一个出口，东南部除了澄清闸外，那里没有桥梁，人们绕行什刹海东部时只能从万宁桥上绕过。2000年整治六海水系时，为了方便行人环湖游览，在专家的倡议下，于什刹海东南出口处修建了一座金锭桥。该桥为三孔石拱桥，桥体为乳白色，整体造型美观大方，中间拱券上方镌刻着著名史学家侯仁之先生题写的"金锭桥"三个字。这座漂亮的大桥在碧水蓝天的映衬下更显灿烂夺目，它与西北方向的银锭桥相映成趣，从而使城内又多了一道新景观。

◇ 什刹前海景观

◇ 什刹前海荷花市场

◇ 烟袋斜街

◇ 烟袋斜街广福观

水穿京城 古都风韵 | 083

◇ 万宁桥（俗称『后门桥』）

◇ 万宁桥边镇水兽

万宁桥,俗称后门桥、海子桥、地安桥,是位于北京地安门外,坐落于北京城中轴线上的一座桥。

始建于元至元二十二年(1285年),原名万宁桥。因桥在地安门之北,地安门为皇城的后门,因此又称为后门桥。原为木桥,元代改为石拱桥。

在元代忽必烈把京杭大运河的终点修到了今天的积水潭,而这座万宁桥正是京杭大运河最北边的一个闸口,进入北京皇城的漕运船只必须通过这里,通惠河不仅是忽必烈下旨修建,而且通惠河的名字也是忽必烈在万宁桥上起的,它还是忽必烈进出北京必走的桥。万宁桥跨在什刹海入玉河口处,是元代大运河漕运的始点。桥下装有水闸,通过提放水闸,以过舟止水,保证南来粮船直驶大都城内。沿河北来的船舶可直抵海子内停泊。时大都居民也称这里为海子闸,后改名为澄清闸。当时,积水潭水面很大,所有进入的船只,都要从万宁桥下通过,万宁桥在保证元大都粮食供应上发挥过巨大作用,是北京漕运历史的实物见证。因此,在2014年大运河申遗成功后,在万宁桥西北角,立起一座"遗产区界桩"。

万宁桥为单孔汉白玉石拱桥,长10余米,宽近10米,桥面用块石铺砌,中间微拱。桥的两侧建有汉白玉石护栏,雕有莲花宝瓶等图案。明清两朝对万宁桥都进行过多次修葺。石桥的特点是东西石拱券上方各有一石雕螭状吸水兽。桥两侧石砌护岸,四边各有一只鹿角分水兽。

早年的万宁桥风光秀丽,桥西是碧波荡漾的积水潭,宽阔的水面上停

◇ 万宁桥边文化遗产区界桩

◇ 万宁桥东玉河景观

泊着来自南方的密密麻麻的漕船;桥南地安门大街两旁,高柳巨槐,迎风摇曳;再往南不远,是金碧辉煌的皇宫;桥东则是小桥流水人家。有商就有市,积水潭漕运码头的设立促成了积水潭至钟鼓楼一带"商业中心"的形成,那时的万宁桥周边,有骆驼市、牛马市、鹅鸭市、羊市、米市、面市、绸缎市、皮毛市、帽市……盛况空前。之后的几百年间,万宁桥周边的商业兴衰有变,但万宁桥仍旧保持完好,桥下河道仍存。

1955年,地安门外大街扩建道路,将河道改为暗沟。1999年,北京对万宁桥进行了修复并对周边进行了整治。整治修缮时,意外地在桥下挖出了6只龙身龙爪的镇水石兽,其中,桥东北岸的那尊颔下刻有"至元四年九月"字样,证明是元代之物,其他5尊分别为明、清时期的遗物。修复后的万宁桥,桥面宽约17米,长约34.6米,桥洞宽约7.2米,高约3.5米。桥的护栏在元代万宁桥旧构件及1955年补缀的青砾石替换购件基础上,新补置了汉白玉栏板和望柱构件。另外,桥东西两侧、南北两岸的6尊石头镇水兽也修复了。同时,恢复原来桥名"万宁桥",建碑于桥畔。

以永定门为起点,前门、天安门,紫禁城午门与神武门,乃至景山、地安门,直至钟鼓楼,形成北京城全长8公里的南北中轴线。在这条横贯古今的中轴线上,万宁桥是必不可少的环节,它与天安门内外的金水桥遥相呼应,从建造时间上而言,也算得上是"兄长"了。

◇ 玉河荷花

◇ 玉河畔传统民居

玉河及沿线景观

在什刹海和南锣鼓巷之间，有一段宽 20 余米、长 800 米左右的河堤，河岸南段的一块石头上写着．通惠河玉河遗址。

玉河是北京一条历史悠久的古河，明代之前曾是漕运进京的通道。元大都城内的积水潭是通惠河漕运的终点码头。白浮泉水自积水潭向东南，流经澄清闸、万宁桥（俗称后门桥）、东不压桥、北河沿、南河沿出皇城，过北玉河桥（原址在今贵宾楼饭店西南侧），沿台基厂二条、船板胡同、泡子河入通惠河。那时，作为漕运入京城的重要一段，通惠河两边并未居住太多的达官贵人，多是老百姓和商户。虽为皇家输送物资的渠道，但通惠河两岸的景色却与皇城内的威严肃穆完全不同，带着浓浓的平民气，清冽的河水滋养了两岸的市井文明。此后的许多年中，玉河都是帝都漕运文化的参与者，也是皇城几百年浮沉的见证人。这条穿越了元、明、清三代的古老河道，在历史的长河中逐渐衰败，被深埋在层层叠叠的民房之下。作为京杭大运河重要一段的玉河，昔日"水穿街巷"之景，只剩北京城市史志中的一个传说。

中华人民共和国成立后，1951 年开始全线疏浚玉河。1953 年，修建了四海下水道，玉河在东不压桥被截断，只留有直径 50 厘米的倒虹吸管，当作什刹海放水冲刷下游河道之用。由于经常排放污水，卫生条件较差，1955 年开始施工将玉河全线改为暗沟，工程于 1956 年 11 月完工。至此，玉河整条河道均被盖板遮住，彻底成为地下暗河。直到 2002 年，北京市颁布《北京历史文化名城保护规划》，提出了"历史河湖水系的保护"问题，

◇ 玉河石桥景观

◇ 玉河疏通后景观

090 | 图说北京大运河文化带

明确玉河作为古代漕运河道,"将玉河上段(什刹海—平安大街)恢复"。2005年,玉河历史文化保护工程正式获批立项。2007年,玉河改造工程正式立项,6年后,700多岁的"玉河北段故道"终于重见天日。重新亮相的玉河北段水道,严格沿着古河道走向重新修复,自万宁桥起至东不压桥止,全长480米,平均宽18米、水深1米左右。河堤还重新修建了一处水榭、一处曲桥,两处船行栈道和四个挑台,使整个玉河风貌更加统一、完整,"水穿街巷"的历史景观再现京城。驻足在玉河河畔,映入眼帘的是小桥、流水、木围栏、休憩的居民、来往的游客,以及精致的四合院。

2018年,玉河项目加快"引水过街",从平安大街下穿过,实施澄清下闸遗址保护,如今,玉河的水可以从源头什刹海一直贯穿流经整条玉河。从什刹海出来,穿过中轴线上的地安门往东,深砌的河堤里,一条长河蜿蜒东流。明清风格的围墙沿河而建,两岸杨柳依依。过了平安大街,又是另一番景象:河道变浅,水草摇曳,观水平台探入水面,绿荫鲜花点缀的河岸上,五组铜铸浮雕长卷组成的《京杭大运河风物图》引人注目。如今,漫步在景观平台上细看浮雕,近可见漕船街市、贩夫走卒,远可见山水城郭,千帆竞渡,大运河沿线风光尽收眼底。

玉河庵,是专门为玉河所造的一座尼姑庵。在《乾隆京城全图》上,可以清楚地看到玉河庵所在的位置,就在东不压桥引桥北侧。在玉河河道整治修复之前,玉河庵仅残存前、后两个大殿,前殿与南侧搭建的游戏厅连在一起,已难辨面貌。在玉河河道整治中,玉河庵基本是按照历史中的记载恢复的,成为玉河博物馆。修缮后的玉河庵里展出了体现玉河历史沿革的图片和文字。

复建后东不压桥在玉河庵的西侧,连接玉河两岸,也是水道南边的尽头。东不压桥建于明永乐十八年(1420年),是一座东西向的石桥,位置就在东不压桥胡同的南口外,在原来地安门大街街心稍偏南的地方。"东不压桥"这个名字,也有典故。明代中叶的《京师五城坊巷胡同集》中称

◇ 东不压桥考古遗址

◇ 澄清下闸遗址

◇ 玉河曲桥景观

◇ 玉河左岸雨儿胡同

水穿京城 古都风韵 | 093

◇ 玉河夏日景观

◇ 玉河冬日景观

◇ 玉河古河道遗址

水穿京城 古都风韵 | 095

◇ 玉河庵夕照

◇ 玉河庵

其为步粮桥，也称步量桥。意思是说桥身被皇城占去一半，桥身之窄，可以用步测量。至于"东不压"则有两种说法，其一是说，明清两代的皇城墙就从半边桥上越过，但是并没有压住桥身，所以叫"不压"；也有说，是民国后又改称不压桥，意思是说皇城拆除，石桥如释重负。因为在地安门西大街北海北门稍东位置，有一座同样、同名、同一功能的石桥，所以人们分别把它们称为东、西不压桥。在民国初年拆皇城时，这两座桥一并拆除了。

玉河最北端连接的就是雨儿胡同。2014年2月25日，习近平总书记视察北京时曾来到这里。当时，总书记还察看了玉河历史文化风貌保护工作展览和河堤遗址，沿河步行考察河道恢复、四合院复建情况，对这一项目给予充分肯定。他指出，北京是世界著名古都，丰富的历史文化遗产是一张金名片，传承保护好这份宝贵的历史文化遗产是首都的职责，要本着对历史负责、对人民负责的精神，传承历史文脉，处理好城市改造开发和历史文化遗产保护利用的关系，切实做到在保护中发展、在发展中保护。如今，玉河经过保护和改造，成了彰显古都风貌、服务居民生活、丰富游客参观的好去处。

◇ 玉河边上的基督教宽街堂

◇ 北河胡同玉河景观

◇ 玉河南段景观

水穿京城 古都风韵 | 099

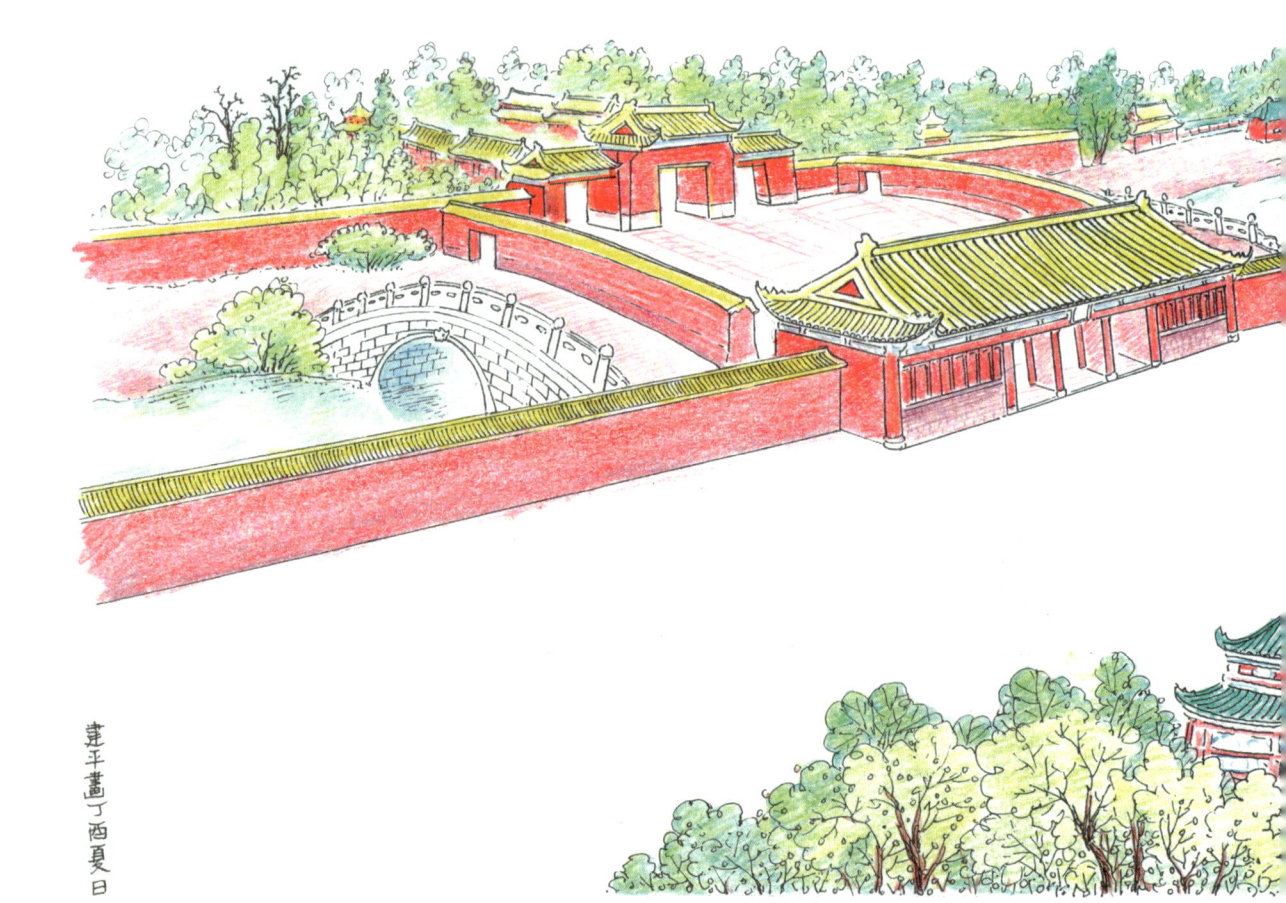

◇ 玉河经过皇城东安门与东安里门之间

建平画丁酉夏日

南、北河沿

南、北河沿以前称作东安门河沿，后来又以东安门为界分为南、北河沿。

南河沿大街是一条南北走向的长街，元明清至民国时期此街为一段御河。御河系由元朝郭守敬等人开辟，以作为大都运粮之用的漕运河道。明初御河被纳入了皇城之内。御河水自什刹海而来，经后门桥入皇城，沿黄城东墙向南穿越皇城。出皇城经今正义路南水关流出内城入护城河，向东汇入通惠河。后因供水不足而逐渐淤浅，改为涵洞，其上建成了沥青马路。现在皇城内的南北河沿大街就是原来的御河。南河沿大街北起北河沿大街南端，南至东长安街。乾隆时因此地地处东安门以南、御河南段而得名南河沿。1965年将太平巷、金钩胡同并入，改称东安门南街。1981年更名为南河沿大街。南河沿街区明代为东苑所属，清代则为内务府的库区，到了近代这片街区逐渐从封闭走向了开放。

南河沿北端东华门外，清宣统时称东华门大街，民国后沿用。皇城东安门内的御河曾有一座东安桥，又名皇恩桥。在皇恩桥的桥头建有一座道观名为"皇恩玄真观"。以前在老百姓中流传一句顺口溜叫"桥上有庙，庙里有桥"指的就是这里。"桥"是皇恩桥，"庙"是玄真观。民国初年皇恩桥被拆除了。桥头的玄真观就改建在了东华门大街路北。现在的东华门大街1号，就是该观的旧址。

北河沿大街，元明清至民国时为一段御河，乾隆时称为北河沿，1947年称东安门河沿，1949年后称东安门北河沿，1965年改称东安门北街，1981年更名为北河沿大街。

水穿京城 古都风韵 | 101

◇皇城根遗址公园

东安门是皇城的东门，与紫禁城的东华门相对而建。明初的御河在东安门之东，皇城之外，是都城中较为重要的一条运输通道，每日里的船只、商贾来往极为繁忙，因而喧嚣之声严重影响了皇帝的"工作"和生活。于是在明宣德七年（1432 年）时，将皇城的东墙东移至御河的东岸，这样御河就被圈入皇城内，成了专供皇家使用的漕运河道，而东安门也随着皇城城墙的东移，移到了御河的东侧。永乐年间所建的东安门也被改建成了三座门式，名字也改作了东安里门，后来又在皇恩桥上砌了障墙，将两门连为一体。这条北河沿御河不仅有着秀丽的风景，在河沿和街巷还留有众多的历史遗迹，记载着北京城的变迁史。

皇城根遗址公园

皇城根遗址公园是沿着御河故道在皇城墙遗址上建设起来的，宽约 30 米，长约 3 公里，南起东长安街，北至平安大街。

在这个开放式的街心公园里种植了树木、各种花卉，在市中心形成了一条浓郁的绿化带。在公园中设置了 10 处阶梯式喷泉和 3 处原城墙实物展示，还有数十处城市雕塑小品和休闲建筑。智慧的构思，巧妙的设计，精心的雕琢，使北京皇城根遗址公园与古城的历史、文化、环境隽永和谐，颇具特色。

皇城根是北京人最熟悉的地名，皇城墙在 20 世纪初被夷平却鲜为人知。皇城墙的复建采取了虚实的构思，作为标志性的一段皇城墙长约 200

◇ 玉河左畔中法大学

◇ 玉河右畔北大红楼

余米，它按照文献记载，墙底六尺、上宽五尺二寸、高一丈八尺。还用上了民间收集的明代"大城墙"砖灌浆密砌，外立面刷红，顶盖金黄琉璃瓦，使 500 年前明皇城墙在这里现身。而城墙的两端都呈残垣状，并从视线中隐去。当人们看到了皇城墙的原形并知道了它的概况和走向时，皇城墙已经在这虚实的意境中绵延伸展。

置身园中你会有漫步古城的感觉。园内的小景、花坛、亭廊、雕塑都以公园两侧的灰色民居群落为衬景。这里是北京皇城保护区胡同四合院最为集中的区域之一，安详平和的古城遗风拂面而来。在园中你可以放眼远眺，而不被楼宇阻隔，许多地方可以依稀看到古城平缓优美的天际线，以及古城与朝晖、晚霞、彩云、薄雾变化无穷的美景。而遗址公园更像一道碧翠彩屏，为古城增添了靓丽的色彩。

带状公园犹如一条穿越 500 年的时空隧道。西为紫禁城、太庙、社稷陵、景山等世界文化遗产和国家、北京市重点文物保护单位，沿线聚集着欧美同学会、原北大红楼（新文化运动纪念馆）、中法大学旧址、皇城三眼井四合院保护区等众多历史与人文纪念地，东临北京金街王府井商业区。在游览遗址公园时你可以如此近距离地体验到古代、近代和现代的时空转换，这在城市公园中极为少见，也因此吸引了众多的中外游客。

遗址公园的 7.4 公顷园地几乎全部种植了花草树木。在建园过程中特地保护了数十棵古榆、国槐，又遍植了青松、银杏、翠柏、绿竹、丁香等近 30 种高大乔木、亚乔木和灌木。有常青、落叶树种的搭配，以及植物色彩的季节变化，使公园三季赏花、四季常青，色彩斑斓。据测算这块园林每天可产生 6 万升氧气，每年可涵养 1 万吨雨水，被誉为古城"氧吧"。

◇ 皇城东安门遗址

◇ 皇城东安门遗址

明东安门遗址位于南北向的南河沿大街、北河沿大街，东西向的东华门大街、东安门大街十字交叉路口，紫禁城东华门正东约400米处，为东城区文物保护单位。

明皇城东墙始建于明永乐十八年（1420年），为南北走向，原在玉河以西，在正对东华门处设有东安门；宣德七年（1432年）皇城东扩，玉河包入东墙内，在原东安门正东重建城门，据绘于乾隆十五年至十九年（1750～1754年）的《京城图迹》中记载，东安门面阔七间，单檐歇山式，黄琉璃瓦顶，三彩斗拱，正中三间开门。宽约35米，进深约15米。门内（西）有石拱桥横跨玉河。官员上朝，皆由此进宫，故此桥俗称"皇恩桥"。永乐年间的原东安门，宣德年间改为三座门式，通称东安里门。皇恩桥上砌有障墙，将两门连成一体。从《京城图迹》中可以看出，乾隆十九年重修皇城后，东安、西安、地安三门形制完全一致。直至清末变化不大。东安门大街和东安市场皆因之得名。

1912年，袁世凯为避免南下就任总统，唆使曹锟率北洋军发动兵变，其间东安门被烧毁。1926～1927年，北洋政府内务部拆皇城墙，将东安里门一并拆除，玉河被填平成为南、北河沿大街，东墙址陆续为居民占据，建满房屋。

2001年，皇城根遗址公园建设期间，东安门地基重见天日。东安门遗址的发掘，是整个皇城墙遗址的重点。共发掘面积800余平方米。在地表以下1.5米的深度内，都为清至民国时期堆积的生活渣土，在地表1.5～2.5米，两侧探方各发现了东安门柱础的城砖残基。在遗址东侧发现南北走向的皇城墙五层城砖基础，砖体保存完好，砌筑整齐、工艺规范，

◇ 菖蒲河东口天妃闸

砖基长达 10 余米。在其西部出土了明皇恩桥"燕翅"残迹。上述发现，印证了清代《加摹乾隆京师全图》的测量是严谨而准确的，从而确定了东安门、皇恩桥的准确位置。在南下沉式广场内，展示有出土的磉墩、古城墙基、恢复的城墙和《京华秋韵似锦图》，给人们留下了想象的空间。

天妃闸

天妃闸，是明清皇城中外金水河东段上的一个闸口。清时称这一段的外金水河为菖蒲河，是皇城水系的组成部分。

20 世纪 60～70 年代河沟被填平改为街道和居民区，2002 年此地经过搬迁后修整，菖蒲河故道得以重新露出真面目，天妃闸旧迹也被恢复原貌。它位于天安门东侧的菖蒲河公园东头，是菖蒲河流入玉河的重要水利机关。修复后的天妃闸设计既紧扣历史渊源，又融入当代人对历史的遐想，两个龙头口衔铜质闸板，与清澈的河水共同构成古朴、庄重的景观艺术品。

◇ 玉河边天主教堂（圣米厄尔教堂）

◇ 原日本公使馆旧址

御河桥

东长安街以南的正义路原名御河桥。明代初年,御河南出皇城以后,放弃了通惠河故道,沿着一条新开辟的河道笔直向南,穿过正阳门东水关,进入南护城河。

在这段河道上,为了方便交通,依次横架了三座石拱桥,分别为东长安门外的北御河桥、江米巷(今东交民巷)内的中御河桥和紧靠城根的南御河桥。逐渐的,河两岸开始有建筑。

明代在北御河桥南侧的东、西两岸曾各立一座牌坊,额题"御河东堤"和"御河西堤"。明代的御河又宽又大,水流不息,岸边高柳垂荫,葱郁可观。"御河新柳暗如烟,万缕长条碧可怜",曾为当年的京师一景,"御河新柳"常为诗人题咏。崇祯二年(1629年),关外清军攻进长城,京师戒严,大量官兵入城守卫,史载:"守城官军御寒无具,尽砍为薪。"从此御河两岸的杨绝柳断,加上东、西河沿的居民往河里丢放生活垃圾,日久天长,河床越来越窄,水也越来越少。

《辛丑条约》签订后,东交民巷及周边地区被辟为"使馆界",御河东、西河沿为南北向贯穿"使馆界"的主要道路。"使馆界"把御河的两岸加以整治砌成砖堤,河道明显变窄。在北御河桥与中御河桥之间,御河东沿自北向南为意大利公使馆、日本公使馆及日本横滨正金银行,御河西沿自北向南为英国公使馆和俄国公使馆。在中御河桥与南御河桥之间,御河东沿为六国饭店,御河西沿为成片的四合院民宅,最初的美国公使馆位于南御河桥西北侧的民宅中。

"使馆界"拆除了南御河桥,改为暗沟,作为六国饭店的停车场。此后,又改中御河桥以北至长安街一段的御河为暗沟,路面中间辟为绿化隔离带，仍以原来的东、西河沿为通道。后来南河沿改为暗沟，北御河桥也被拆改为马路。剩下的东交民巷处的中御河桥在正义路修建马路时被埋入地下，由于藏着中御河桥，现在正义路与东交民巷交会的路口的路面明显比南北两边高出许多。1924年刚通有轨电车时，此地曾有"御河桥"一站。抗战胜利以后，命名御河桥东侧路为兴国路，西侧路为正义路。中华人民共和国成立后，两侧统一命名为正义路。

正义路西距天安门广场600米，是北京旧城区并不多见的环境优美的林荫路，由大尺度中央景观带分隔两侧单向车行道。中央景观带又由两排树木划分为中间的硬质铺装和两侧的绿地，铺地两侧设置座椅，草地种植绿篱及花卉，其间不乏雕塑等小品，成为可供市民散步与休憩的街心公园。

朝阳门外 漕船东来

淀泊风光 水城共融 | 113

◇ 朝阳门外 漕船东来

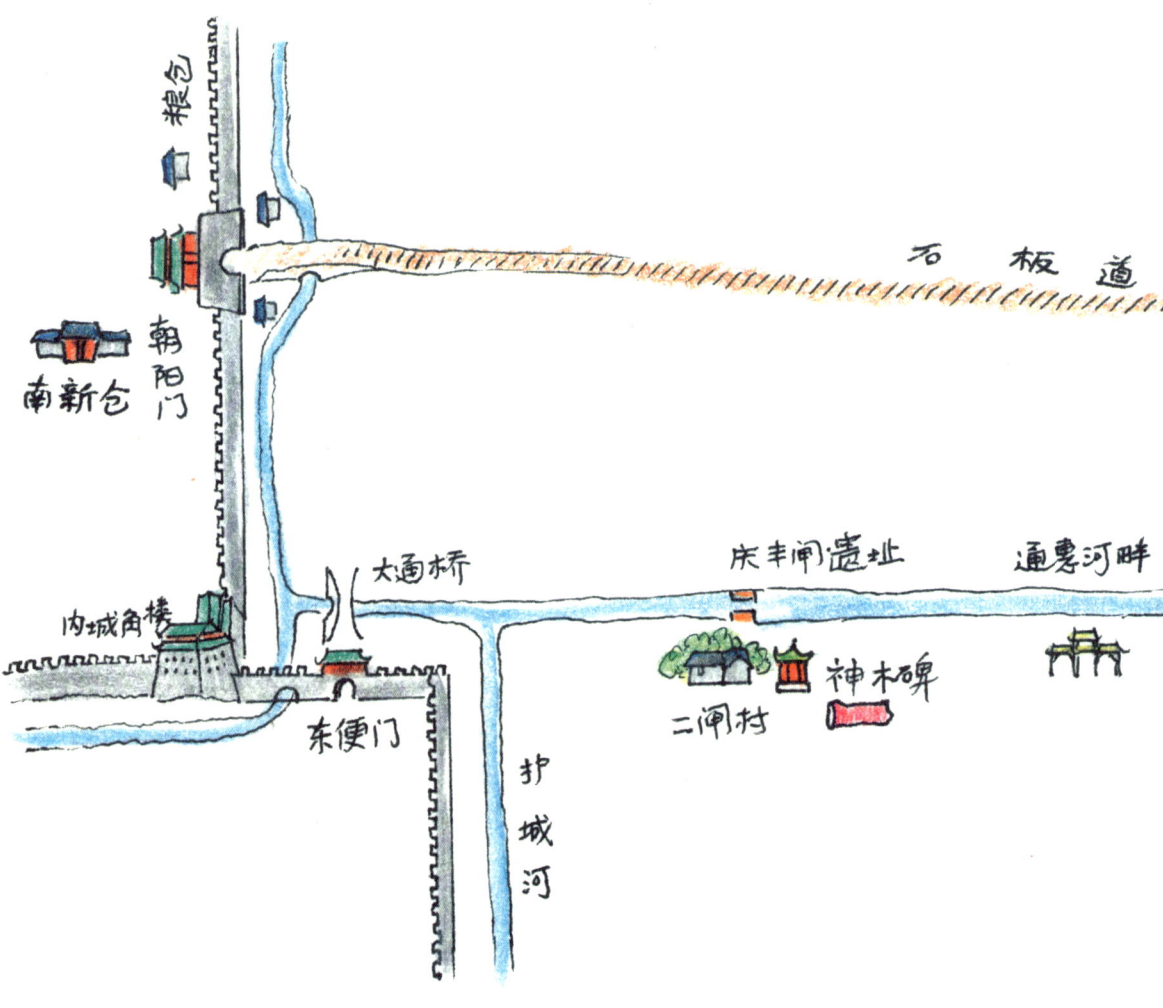

元代修建大都城时，为了解决南方大运河通往大都城的漕运。郭守敬主持疏通了大都城至通州的通惠河。北京地区的地势为西高东低，落差达20米。从杭州南来的漕船，由北运河经通惠河驶往大都城，如此大的地势落差，难以行船。为了解决这个问题，郭守敬在通惠河上修建有11处控水设施共24座船闸，以利行船。

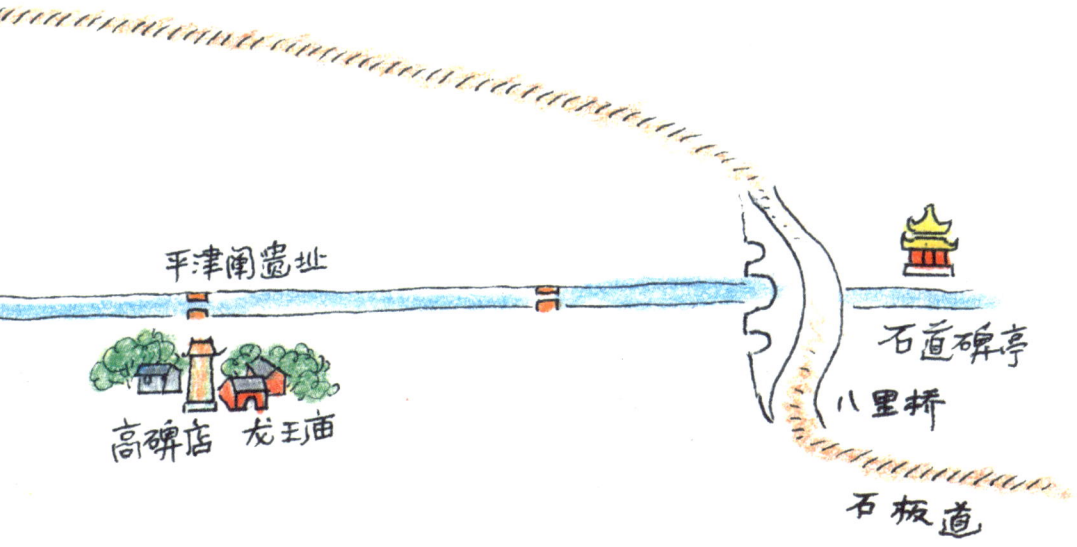

◇ 朝阳门内皇家粮仓

◇ 朝阳门内南新仓

南新仓位于北京市东四十条22号,是明清两朝京都储藏皇粮、俸米的皇家官仓,明永乐七年(1409年)在元代北太仓的基础上起建,至今已有600余年的历史。

南新仓现保留古仓廒9座,是全国仅有、北京现存规模最大、保存现状最完好的皇家仓廒,是京都史、漕运史、仓储史的历史见证。1984年被列为北京市文物保护单位。

元代定都北京以后,首先面临的问题便是将各地的粮食运输到大都城,以供应大都城的需要。因此漕粮运输的任务相当繁重。为了解决从通州到大都一段的漕运水源,郭守敬修建了通惠河。

通惠河的开浚,也大大促进了京城仓储业的发展。以前供应京师的较大粮仓大多建在距离北京50余里的通州。通惠河开浚后,京城中陆续建起了一批规模宏大的粮仓。20世纪50年代,雍和宫西侧出土了元代"京畿都漕运使王德常去思碑"。碑记:至正十五年(1355年)京师有54仓,储粮达百万石。元代粮仓大部分靠近城东部,以其地临东护城河,船只运输、装卸方便。南新仓的前身——北太仓就是当时京城粮仓中的一个。

明永乐时,北京已发展成为极为繁华的都市。北运的漕粮常常近400万石,数倍于元代。元朝建立的粮仓已远远不能满足京师储粮的需要,于是,明朝开始在元仓的基础上大规模增建粮仓,并于明正统三年在东城裱褙胡同设立总督仓场公署。南新仓就是在这个时期修建而成的。明朝,京师共有包括南新仓在内的7座官仓,均集中在东城朝阳门附近。北侧有海运仓、北新仓;中部有南新仓、旧太仓、兴平仓和富新仓;南侧有禄米仓。它们共同担负着京师储粮的重任,在南粮北运的过程中起着重要的作用。

水穿京城 古都风韵 | 117

◇ 大通桥印象

大通桥印象 己亥年夏建平

清朝对运河也十分重视。康熙帝曾把三藩、河务、漕运当作三件大事"书而悬之宫柱之上"。清代，通惠河最为兴盛的时期是在康熙时期。康熙三十五年（1696年）疏浚通惠河，河道疏浚以后，通惠河水量充足，航运能力大增。从此，入东直门、朝阳门一带南新仓、兴平仓、禄米仓、旧太仓等的漕粮，即可用驳船自大通桥向北沿内城东侧护城河直接浮运，大大方便了漕粮的运输。清代京通仓厫的建筑十分讲究，其技术较之元、明有较大改进。清中叶以后，政治腐败，财政陷入极度困难的境地。贪污之风盛行，贮量日益减少，至道光年间，南新仓储量比清初少了许多。岁月流逝，随着社会的发展，漕运制度也在不断变化。到清光绪三十一年（1905年）漕运制度彻底废止，由征粮改为征银。京城和通州的官仓也就逐渐闲置或改作他用。

1949年中华人民共和国成立以后，南新仓由北京市百货公司一直作为百货仓库使用。1984年5月被列为北京市文物保护单位。历经600年沧桑之后的南新仓，仍保留有仓厫9座。

南新仓对研究我国运河史有着重大价值；同时，它又是元、明、清时期南粮北运的产物，是南粮济京的重要代表性建筑，也是中国古代南北方生活资料调剂的见证；此外，南新仓是我国现存古建筑中的一种特殊类型的建筑，它巧妙的布局、结构和形式以及一套完整的运作方式和管理制度，代表了我国古代劳动人民高超的智慧。

如今的南新仓早已不是当初储满粮食的仓库了，而是成为北京地标式的特色街区。走在南新仓的步行街上，感受到的不仅仅是古建筑群带给我们的历史积淀，更让人印象深刻的是它所散发出的现代气息……

◇ 通惠河畔牌楼

大通桥（一闸）

在北京的东便门外曾有一座明代三孔石桥，桥洞为拱形，桥墩为尖形，以利分水。在四个桥墩的侧壁有垂立的石槽，可以在石槽间插入木方子挡水。这就是通惠河上的闸，此闸名"大通闸"，俗称"头闸"。

该桥南北走向，为三孔联拱石桥，中孔较大，两侧孔较小，三个券洞上方雕有兽头，非常精美。由于位置比较特殊，桥西为内城的护城河，桥东为著名的通惠河。所以被命名为"大通桥"。

漕运繁盛时期，大通桥畔驳船穿梭，甚是繁荣。后因明永乐帝选定昌平为陵寝地等原因，明初白浮瓮山河完全湮废，坝河及通惠河只剩下玉泉山为水源。又由于明宣德七年（1432年）改建北京城，将元大都南城墙南移至今崇文门、正阳门一线，并把通惠河圈入皇城中，城内不通航，漕船不能驶入城内，遂改大通桥（东便门外）为起点，通惠河改称大通河。通惠河出北京城东便门向东与通州北运河汇流南下杭州，从东便门到北运河全程21公里。大通桥以上河段尽废，经明初几次修治，至嘉靖七年（1528年）改建五闸和通州石坝后，通惠河通过五座船闸，提升航道水位，以解决运粮漕船负重逆行进入大都的难题。大通桥头建有中转粮库，南方的漕粮再通过驳船运至朝阳门，或者由大车运到京城各处，保持着"水路并运"的局面。通桥码头不仅是漕粮码头，还是京城重要的客运码头，南来北往的旅人在大通桥码头入城，或是由此乘船南下，当年很多名人都曾在大通桥码头留下送别的诗篇。

现今，大通桥虽已不存，明代的城墙却依旧残存矗立，已被辟为明城墙遗址公园，在东南角楼边上还有侯仁之先生的题记以记之。2015年东

◇ 二闸村古树遗存

◇ 庆丰闸镇水兽

城区在东便门东南兴建"漕运码头公园",为市民增添绿色空间,并通过浮雕等手段,展现当年老北京漕运东便门段的热闹景象。"漕运码头公园"是明城墙遗址公园东南角绿化工程项目的重要组成部分。该项目位于北京火车站东侧,东便门角楼北侧,东二环路西侧,占地面积1.44万平方米,工程设计了"雉堞铺翠""角楼映秀""玉棠新绿"三个景观节点,是一座展示古城墙风貌、追寻历史记忆的文化休闲公园。

庆丰闸(二闸)

二闸在东便门大外通河以东1.5公里处。始建于元至元二十九年(1292年)。初建时原名籍东闸,为上下两座木闸。至顺元年(1330年)易木为石,更名庆丰闸。

明嘉靖七年(1528年),上下两闸合为一。此闸因位于东便门外第二道闸故又称二闸。庆丰闸由两座分开的桥闸组成:庆丰上闸和庆丰下闸。也就是说二闸有可能是同名分体的两座桥组成。

历史上的二闸有两项防汛设施:一是闸门,共有十三块启动闸板,这是控制水位,可供船通行的船闸。因清朝以后,大通河上游来水减少,张家湾以上不再是主要通航航道。但是部分河段仍然可以用作短距离的船运。冬天大段河道结冰,当地人用冰床作交通工具。二是泄洪桥,俗称"归州把儿水簸箕",位于二闸口四百米处的岸北,二闸的东边有一片明显向北凸起的水面。在水面的下游,有一座三拱桥,桥低于二闸村,高于河水面。当洪水来袭、未及打开闸门时,洪水即可绕过该村,从拱桥下向北再折向东泄至高碑店闸。

朝阳门外 漕船东来 | 123

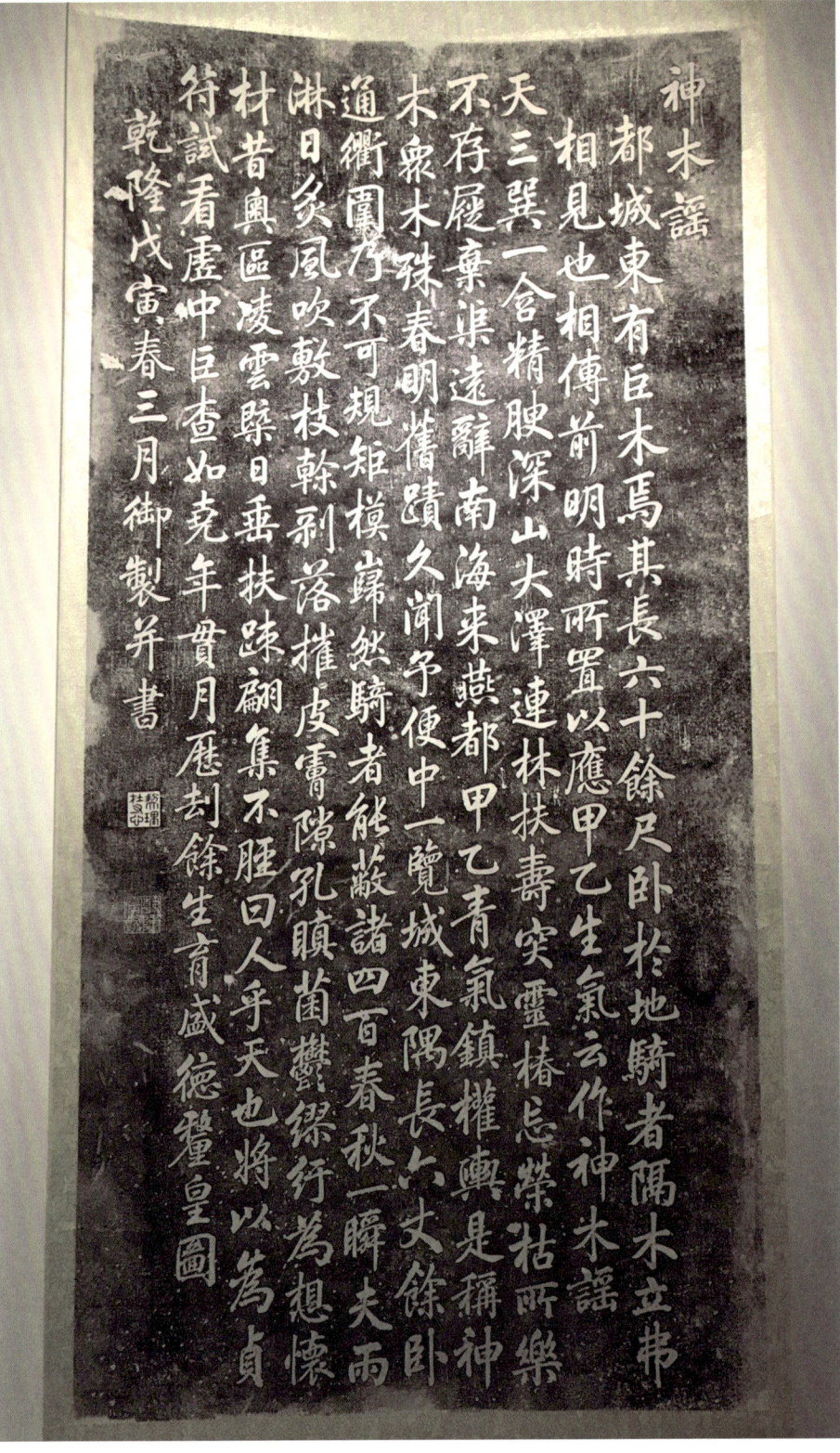

◇ 乾隆书写《神木谣》碑刻拓片

明清时期二闸段风景秀丽，商贸繁荣，人烟稠密，十分热闹。二闸码头南北两岸酒楼、茶肆、饭馆、旅店、商铺依次鳞接，一派繁华。其所以然者，源自通惠河漕运舟行。通惠河由京城连通大运河直通江南，水路是当时南北货运和人员通行的主要方式。二闸码头附近是上船、中转、食宿、休憩的最佳地段。而且庆丰闸两岸树木葱茏，杨柳依依，芦苇婆娑，水草丰盛，一片诗情画意。凡平民百姓踏青、赏秋，文人墨客聚会赋句，这里均不逊色于高梁河、玉渊潭。

二闸有龙王庙、关帝庙和土地庙，还有座圣水庙。龙王庙在通惠河北，北京电视台新址南边，现仅存庙门西侧的一株古槐。红学家们考证，曹雪芹曾多次往来于香山和通州，途径庆丰闸常在古槐树下候船闲坐或与友人品茗赋诗，曾写下许多不朽的诗篇，故后人称此槐为"文槐"。近代文学大师沈从文曾于1927年9月游览过庆丰闸，写有散文《游二闸》。二闸还有著名的舞狮会，起源于明正德年间。新中国成立十周年时，二闸狮子还参加了国庆大典游行。

中华人民共和国成立后对通惠河进行了多次整体性改造并加宽。对通航时用于调节水位的庆丰闸进行了考察与发掘，保留、修葺了原庆丰闸砌石。原闸宽度仅6.6米，遗址位置现拓宽至40米，原闸遗址前后两侧的南北两岸复制了四只镇水兽，显现了十足的古韵。原闸口木桥早已废圮，新建的彩虹状石拱桥美观壮丽，成为庆丰闸原址一处标志性景观，与北侧的北京电视台大楼相映成趣。桥北侧新立了庆丰闸遗址碑，嵌墙复制《二闸修禊》壁画和原水利部部长张含英所题"庆丰闸遗址"刻石。

2009年新建庆丰公园，以东三环为界，分为东西两园。全面绿化，广栽树木，将人文古韵融入自然景观。最具特色的是公园内以坡造势，制作有若干漕运货船小品，处处都是桅杆、风帆，一派港口风貌。这里又成了京城一处怀古的胜地。

◇「二闸」记忆

朝阳门外 漕船东来

◇ 高碑店郭守敬塑像

高碑店

高碑店是一处有着一千多年历史的古老村落，元朝时期高碑店曾建成京师的漕运码头，成了皇粮商物的集散场，开始了通惠河两岸的经济繁荣，码头盛况空前。

直到清末，铁路、公路建设的相继兴起，通惠河漕运才逐渐衰落。20世纪50年代，这里建成了高碑店水库，2006年在水库东南角，建成了面积约30万平方米（水面占3/4）漕运码头遗址公园。

漕运码头遗址公园绿树成荫，有亭，有健身场地，也栽有花卉；其东南角部分立有"最美村"铭座碑石，有小亭陪衬；水库南岸是此园主体场地，建有高大雄伟的楼阁，楼阁西广场处立有高大的郭守敬纪念雕像，雕像后记载着这位古人对疏通河道，建设漕运的丰功伟绩；再西便是小山坡，坡上林木扶疏，湖边甬道沿水而曲。想当年这里还算不上公园，只有一些景致，因为还没有什么公园设施。恢复了"平津闸"后，2011年重建龙王庙，2013年5月在"漕运奥运文化广场"处重新立起了"孝悌园"的石牌楼，园内增添了传统石雕二十四孝，并结合传统24座二十四孝故事，以现代新二十四孝行动为标准，精心制作了4座最具代表性的"常回家看看、经常为父母拍照、为父母举办生日宴会、尊老爱老"主题群雕。使漕运码头遗址公园焕然一新，成了北京乡村中的经典公园。

◇ 通惠河畔高碑店村

◇ 高碑店村的游船画舫

130 | 图说北京大运河文化带

◇ 高碑店平津上闸遗址

◇ 高碑店龙王庙

朝阳门外 漕船东来 | 131

◇ 通州八里桥（永通桥）

八里桥

八里桥，位于朝阳区东部偏南。八里桥在明正统十一年（1446年）竣工时，定名为"永通桥"，后因距通县8里，俗称"八里桥"或"八里庄桥"。

永通桥历经五百余年，明清以来屡加修葺，现状为石砌三孔拱券形，南北走向。永通桥曾是东至山海关、南至天津陆路交通的咽喉，历史上该地曾进行过一次大规模的中外战争，为咸丰十年（1860年）英法侵略军攻陷天津、通州后，清政府为保卫北京在这里阻击侵略军，进行了八里桥战役。桥东京津公路北侧有雍正十一年（1733年）所立的"御制通州石道碑"一座，碑文记载了当年修筑朝阳关外石道之事。

八里桥为花岗岩石砌造，中间有一个大跨度的桥拱，两边各有一个小型的桥拱。桥长50米，宽16米，桥墩呈船形，前端有分水尖，尖上安装三角形铁桩，在桥墩和桥拱的水位线的位置加固了一圈腰铁，用此预防春天解冻时冰块的撞击或夏天时洪水、过往船只的碰撞。通惠河是京城的主要运粮通道，运粮船只多是帆船，因而八里桥作为三孔桥，其中孔高达8.5米，宽6.7米，两次孔仅高3.5米，相差悬殊。这种构造是专为漕运需要设计的。这样的设计很实用，来往漕船即可直出直入，八里桥也就有了"八里桥不落桅"的美誉。

八里桥与卢沟桥齐名，是北京三大古桥之一，桥面两侧有32副石栏板，板面上的雕刻刀法流畅，粗犷有力。栏板上有望柱33对，每个望柱上雕有石狮。石狮形态各异，栩栩如生，可与著名的卢沟桥石狮媲美。桥东西两端各有一对戗兽，长鬣密鳞，昂首挺胸。护坡石上卧伏着四只镇水兽，扭颈倾头，怒视碧波。大桥两岸，绿柳白杨，芳草萋萋，风景如画。白天，凭栏东望，可见巍巍古城；夜晚，扶栏观水，细波之中，月影婆娑，或如玉盘，或如银钩。若有客航货舟通过，桨碎玉盘，水折银钩，甚为壮观。昔日的通州八景之一——长桥映月，指的就是此地。

  2007 年，八里桥桥头两侧各安装了标注为 2.3 米的限高杆以及限重 10 吨的标识牌是为了防止较重的大车通行，保护古桥。2013 年，被列为全国重点文保单位。2014 年，列入世界文化遗产名录。2017 年，朝阳区文化委在八里桥上还加装了 4 个监控探头，对桥上桥下进行 24 小时监控。2018 年 6 月，北京文物部门与市交通委、朝阳区政府等多方合力，计划建新桥，导流交通。八里桥古桥在未来的修缮中，柏油路面也将被揭开，露出古代的桥面石，近 600 岁的八里桥修缮完后不再行驶机动车，将成为一处文物景观供人们参观游览，以古桥为核心，周边增设配套公共空间和绿化带，成为连接城市副中心生态廊道的重要节点。

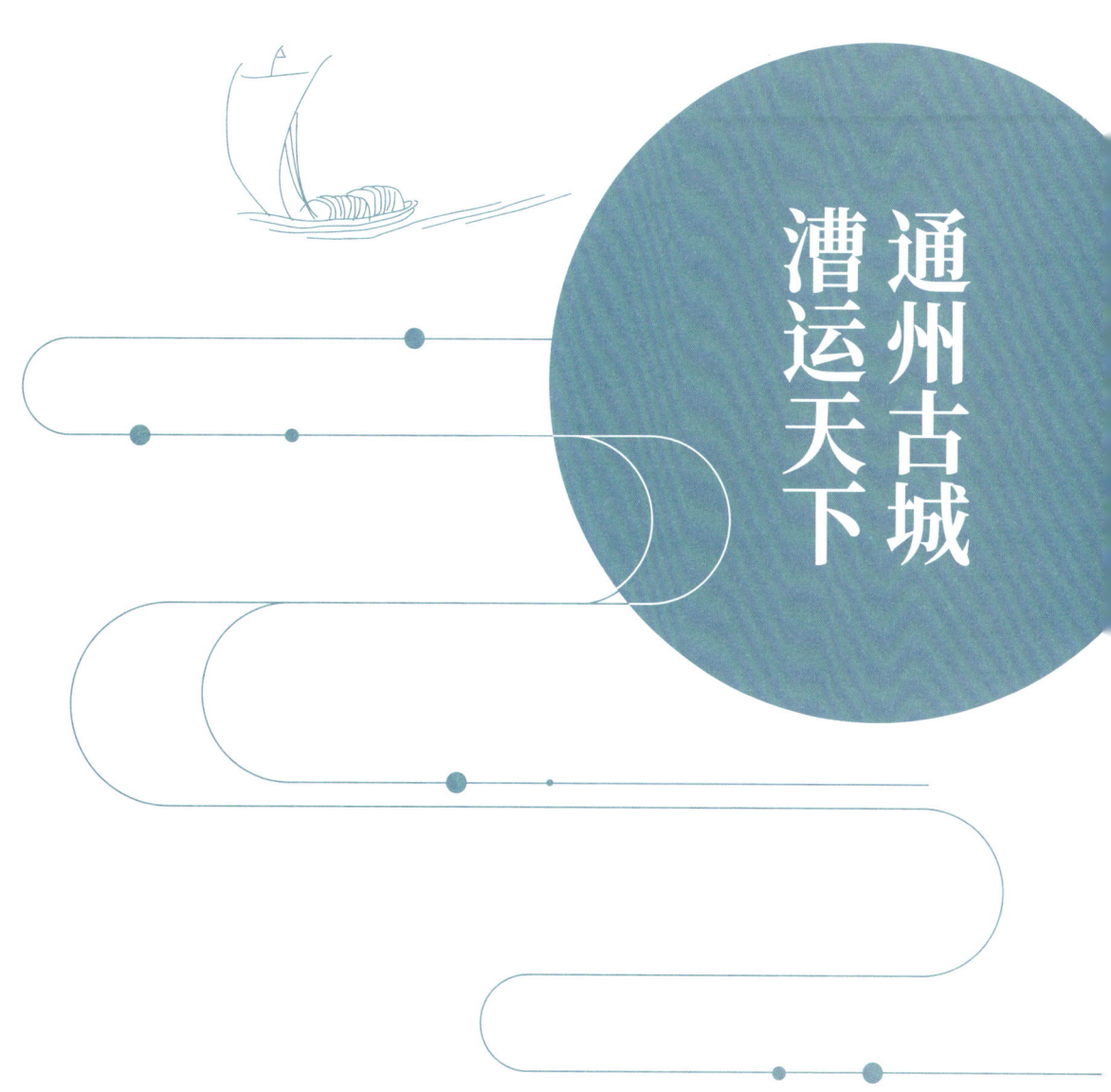

通州古城 漕运天下

在大运河文化带中，通州不仅是北京的东大门，古代陆路、水路交通枢纽，通州运河文化遗存也十分丰富，世人瞩目。例如，通州燃灯佛舍利塔、五河交汇处、七孔桥与大观楼、漕运码头、张家湾古镇古城古桥等不仅是通州的城市记忆，还传递了大量历史文化信息。在副中心行政办公区西北角考古发现的"西汉路县故城遗址"不仅是目前通州发现的最早古城，也丰富了人们对通州历史的认知，成为通州历史文化的"根"，北京城市副中心历史文脉延续的"活化石"，奠基了副中心"文化大厦"。

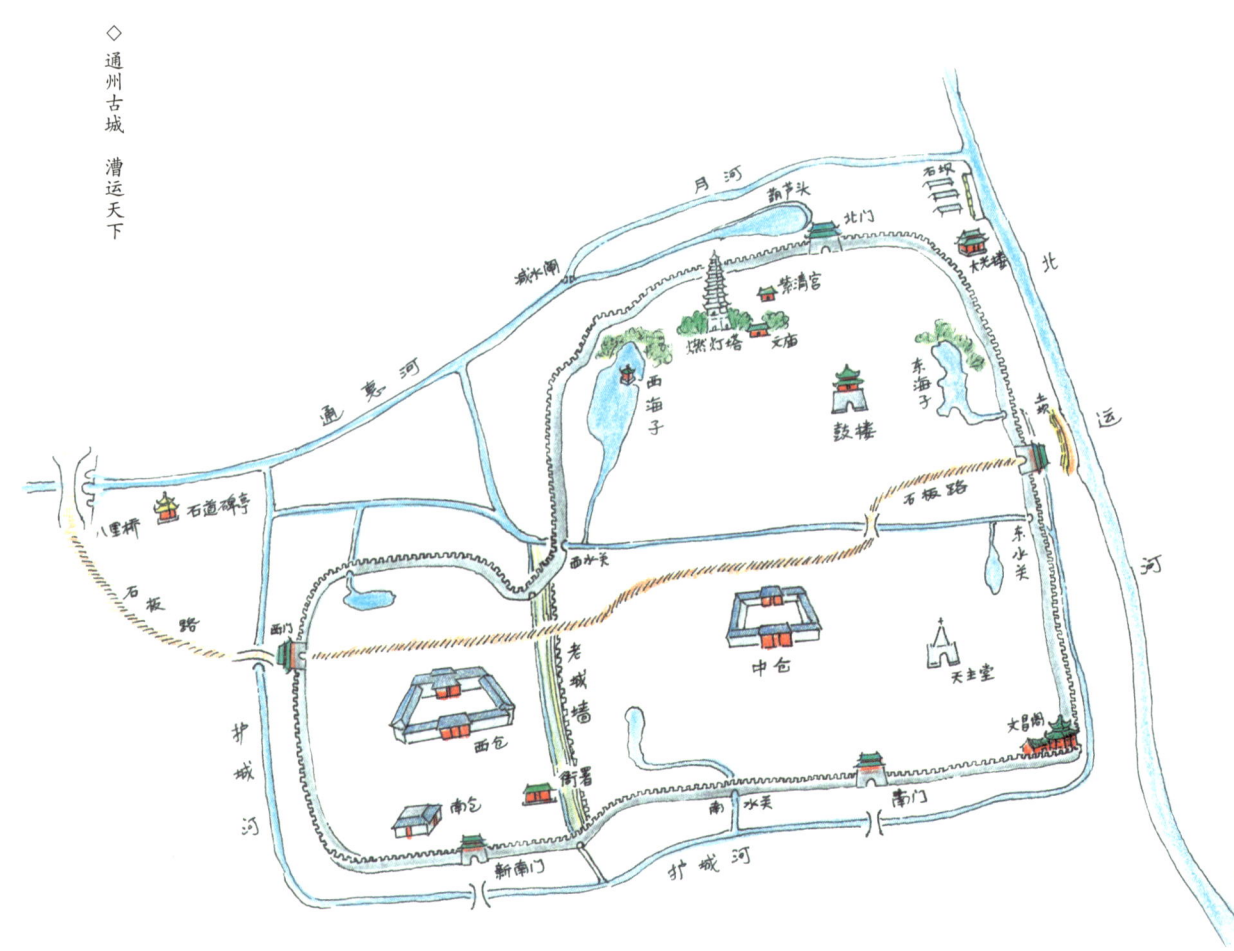

◇ 通州古城　漕运天下

通州古城

通州路县古城建于西汉初年。明清时期，也是漕运兴盛时期，遗留了众多的文化遗存，可以说，这里是运河文化最为丰富的区域，文物保存较为集中和完好，例如以运河标志燃灯佛舍利塔为核心的文化圈，形成大规模历史文化景观，能够充分代表通州运河文化的核心内涵。

通州自建城之后，即为京城仓储重地，大运河终点码头和水陆枢纽，明清两朝大小几十次修缮，终成清末刀字形的城市格局与规模；人烟辏集，军民漕厅官吏杂居，寺院塔庙、楼阁会馆、书院学校、土石二坝、粮储各仓，数百年繁华，实为通都大邑，一时文人荟萃，号称京城之左辅雄藩。通州上距京师四十里，白河、闸河、浑河、榆河等大小九条河流相汇之地，为九河下梢，太行之水、京城西山之水、北面燕山之水，距通州城皆不太远，到通州以后，地势下切悬殊，以致汇成沼泽，经近千年洪水冲积堆淤，填掩成今天的平原地貌，已非昔日原貌。想当年远望里二泗一带，地势较通州城低洼几十米，遥望通州城，一塔凌云，如在半天之中高耸，并可远望西山，粮船客船、文人墨士来来往往，终年不绝，更增通州文化底蕴，故有通州八景之古塔凌云、长桥映月、柳荫龙舟、波分凤沼、高台烟树、平野孤峰、二水汇流、万舟骈集诸景。北方久有一京二卫三通州之说，其实清中叶以前，应以一京二通三卫为确。总之作为一个城市应有的功能，通州应有尽有。

2016年底，当路县古城突然显露真容时，人们对它几乎一无所知。其实它的资历比通州，甚至北京城里几乎所有名胜古迹都老。路县古城诞生于西汉初年。东汉时将"路"改为"潞"，县从水（潞河）名，渔阳郡

◇ 石道碑亭

◇ 通州古代路城考古遗址

也曾设置于此，路县因此名声大噪。发掘出土的古城遗址，城墙基址保存较好，四面墙址基本可以闭合。城址平面近似方形，城总面积约35万平方米。城内发现了一条南北向明清时期的路面遗存和一条同为南北向的辽金时期路面遗存。

2016年，北京市政府将通州古城范围列入第七批北京市地下文物埋藏区。在潞城镇古城村发现的西汉路城县古城遗址上，拟原址整体保护古城遗址，建设考古遗址公园。2017年，通州区开始建设大运河国家公园，河边的文物古迹也将逐一被"唤醒"，"一线、四区、多点"的文物保护规划格局初露端倪。通州区将利用三年时间，挖掘通州特色历史文化元素100项。"十三五"期间，重点打造北京市三大文化带之一的东部大运河文化带，形成灿烂历史和现代城市交相辉映的布局。文化带串起通州、张家湾、潞县三座古城；建成运河历史文化展览馆、瓮城博物馆等一批历史文化展览场所；实施南大街地区保护性修缮，对运河文化遗产、物质文化遗产进行全面清理，逐点修缮保护。此外，位于漷县镇的延芳淀也将恢复辽代皇家湿地的美景。整体服务于副中心的发展，使通州古城形成一城双色、古今同辉的景象。

◇ 一枝塔影认通州

燃灯佛舍利塔

燃灯佛舍利塔俗称燃灯塔，北京市文物保护单位，位于北京市通州区大运河北端西畔，与临清舍利宝塔、扬州文峰塔、杭州六和塔并称"运河四大名塔"，为运河岸边标志性建筑。四塔中，通州燃灯佛舍利塔是最古老的。

燃灯塔建造距今已有近1400年历史。燃灯塔高高耸立在运河西畔，是用来镇压白龙，以防泛滥，保护两岸百姓免遭水灾而建，为一座镇河塔。"支柱幽燕天半壁""一枝塔影认通州"，这是清代两位著名诗人描绘燃灯塔的诗句，前句描写古塔巍然屹立、雄伟壮观的景象，后句记述古塔景致最美，可作古城通州象征的神韵，因此使此塔享誉中华。

燃灯塔为砖木结构，密檐实心，八角形13层，略有收分。原高48米，围44米，须弥座，双束腰，每面多嵌精美砖雕，下腰置二龙戏珠，上腰设三壶门，内镶仙人，各角雕力士披甲顶盔。此塔距潞河数百米，然其影垂映河中，故乾隆帝有"郡城塔景落波尖"诗句。康熙十八年（1679年）地震，其身倾圮，发现一颗佛牙与数百粒舍利，如小米大小，颜色淡黄微红，晶莹似宝珠，于是将其存放在佑胜教寺里，在重新建筑时又放入了塔的天宫里面。康熙三十五年（1696年）

一枝塔影认通州 建平二〇一九年绘制

◇ 燃灯佛舍利塔

重修。该塔系砖结构，平面八角形，高 53 米，13 层密檐式宝心塔。塔下部为高大的须弥座式基座，束腰部分雕刻精细。第一层塔身很高，正四面辟门，其余则辟直棂假窗。每层每檐每角都悬有铜制风铃，共计 2248 个，成为国内古塔中悬挂风铃最多的一座。塔顶还有铜镜，也是至今古塔中发现最大者。整座塔雕凿佛像 415 尊。塔刹为八角形须弥座，上承仰莲，再上为相轮、仰月、宝珠。塔顶部原生长有榆树一株，高数米，浓荫华盖，蓊蓊郁郁，堪称奇景，为保护古塔，今已移植塔下。"古塔凌云"曾为通州八景之一。1900 年，八国联军占据通州时，对塔进行野蛮的破坏和疯狂的掠夺，洋枪击断了塔尖的宝镜，子弹射掉了塔身的铜铃……1976 年 7 月 18 日凌晨，唐山发生了剧烈地震，此塔受到波及，塔身左右 30 度大晃，但没有倾圮，只是把塔顶莲花座的砖抖落许多，塔身也有裂缝，岌岌可危。1985 年 9 月至 1987 年 11 月，北京市文物局和通县人民政府筹资 29 万元，进行抢救性修缮，塔刹增高 5 米，添设避雷针，重修塔顶莲花座及各层塔檐，补铸铜铃，按原色油饰，恢复了塔基。2017 年，燃灯佛舍利塔再次完成清理、修缮，2248 枚铜铃重新悬挂回原位，"层层高耸接青云，朗朗铃音空里鸣"的美景重现。此次修缮，恢复古法老料，修正了 30 年前大修留下的"现代痕迹"，使古塔不仅"强身"，而且重现"原貌"。

◇ 佑胜教寺山门

◇ 通州李贽墓碑

◇ 通州老字号——小楼饭店

通州古城 漕云天下 | 145

◇ 大运河观景台

石坝 土坝

通州曾是京城漕运仓储重地，当年流行着"五闸二坝"之说，其中"二坝"指的就是通州城外漕运重地——石坝和土坝码头。它们是古代中国漕运文化的见证，也是最为重要的运河文化遗产之一。

石、土二坝漕运码头形成于明代中期。明嘉靖七年，直隶监察御史吴仲奉旨疏浚通惠河。吴仲修竣后的通惠河起自北京东便门外的大通桥，沿元代通惠河故道向东，至通州城西北，在里二泗入白河而又回到通州城北入北运河，即今天通惠河河口的位置。但是，由于地形的关系，通惠河入北运河处一直有高差，无法直接通航。因此，明代在通惠河河口处建石坝和卧虎桥跌水，上游积水形成"葫芦头"水域，作为北运河与通惠河倒船的泊船港，一直使用到清末。漕粮经石坝转搬入通惠河，然后溯河而上，经五闸逐级递运，一直抵达北京城大通桥码头。另为转运通仓漕粮，吴仲在通州城东关外建土坝码头一座，漕粮在此码头卸载，然后经通州城东门搬运至通州仓储存。通惠河上的五座水闸和通州城的土、石二坝合称"五闸二坝"。吴仲考虑到大运河北端的张家湾码头一带人烟过于密集，有碍漕运，于是，修浚工程将码头移到城北门外新开凿的通惠河口以南，在大运河西岸建成了南北毗邻的石坝码头和土坝码头。石坝在现今通州石坝遗址公园一带；土坝以木排桩挡土夯筑而成，位于今通州旧城东门外的运河西。

石、土二坝是朝廷最重要的专属漕运码头。按照规定，每年各省完粮时间为三月，每年石、土二坝码头行粮时间从三月上旬至九月，至十月运河封河之前，漕船陆续返还。每年漕粮上坝，古老的运河里就停满了各省

◇ 五河交汇处遗产界桩

148 | 图说北京大运河文化带

按照规定时限陆续到达码头的漕船。各种船只逶迤排列，帆樯林立，鳞次栉比，一望无际。为避免民船、商船与漕船争用码头，朝廷在两坝之南另辟有民用码头，并在漕运码头和民用码头之间建立一座黄亭界分，凡民间客货船只一律不许越过黄亭北上。

如今这两个古老的码头已难寻旧迹，古时码头货物转运的盛况只能见之于史料之中。两座码头是京杭大运河的北端起点，为漕运事业做出了卓越的贡献。

五河交汇处

通州自古以来多河富水，境内有十三条河流盘曲蜿蜒，势若游龙，分别属于潮白河、北运河两大河系。其中温榆河、小中河、运潮减河、北运河、通惠河五河交汇处将建设北京城市副中心的标志性建筑——彩虹之门。

2015年6月13日，在多位文史专家的见证下，北京市通州区于五河交汇处立下了"京杭大运河北起点"标志碑，正式确立通州为京杭大运河北起点。"五河交汇"这样的景观在北京是绝无仅有的，在北京历史上也是前所未有的。

五河交汇中心处的小岛名叫源水岛，是当年改建北关分洪枢纽的时候形成的。在交汇处的温榆河和小中河上，曾各有一道分洪闸，老闸过于陈旧，2007年通州在其下游的北运河和运潮减河上又修建了两道新闸，于是新老闸之间形成了这座430亩的岛屿。2009年，通州区又将通惠河和运潮减河之间打通，五河由此交汇在一起，形成一片750亩的水景，源水岛镶

◇ 通州大光楼

嵌在水中央。

  在五河交汇处的历史变迁中，既有大自然的鬼斧神工，也渗透着劳动人民的智慧。如今，北京市和通州区修复性建设五河交汇处的历史文化景观（燃灯佛塔、三教庙），辅之以低密度水乡区建设规划，形成开放式的历史文化氛围；就近在源头岛上设计了文化博览区、建设博物馆，与岸边历史文化景观相得益彰；对岸建设地标性建筑——彩虹之门，突出了新城核心区的焦点位置，并带有浓厚的文化象征内涵，这是首都之门、历史之门、文化之门、开放之门和未来之门，使现代与历史相互对话，古典与时尚交相辉映。

大光楼位于通州旧城北门外迤东、石坝码头旁，始建于明嘉靖年间，同治年间重修，南北添建平台各三间。面河两层，下层为高阔的券洞，是通道，上层为单檐歇山脊筒瓦顶，面阔进深均三间，四带廊有护栏。

  明清官员，在此验收漕粮，故也叫验粮楼。"大光楼"中的"光"字读作"广"音，不能读成"光明"的"光"。因位于石坝码头处又称"坝楼"，又因临大运河而建，还称"河楼"。

  京杭大运河岸边有许多楼阁，诸如天津天后宫中的钟鼓楼、山东聊城的光岳楼、济宁的太白楼、江苏淮安的镇淮楼、扬州的平远楼、常州的飞霞楼、无锡的云起楼、苏州的枫江楼、浙江嘉兴的烟雨楼等，都是当今旅游者喜欢观赏登临的古代楼阁，而大运河边第一楼就是建在北端通州的大

◇ 通州七孔桥

光楼。它是京杭大运河的最北端，既是终点也是起点，是南北货物集散地。

　　光绪二十六年（1900年），凶残暴虐的八国联军攻陷通州，疯狂烧杀淫掠，这座大运河上第一楼也未逃劫难。

　　大光楼同燃灯塔一样，都是京杭大运河北端的标志性建筑。2005年通州区政府疏通大运河，用三年时间复修验粮楼，2008年在大光楼遗址附近的今日大运河西岸，一座崭新的仿古歇山筒瓦顶二层验粮楼（大光楼）重新伫立在大运河畔，体积大增。使楼影（大光楼）、塔影（燃灯舍利塔）、桥影（石拱桥）交相辉映，为大运河增添了风韵。

七孔桥

七孔桥又名北关水利枢纽，位于北运河、通惠河、温榆河、小中河、运潮减河的交汇处。原北关拦河闸与分洪闸是北运河上重要的水工建筑，共同组成分洪枢纽工程。

　　北关拦河闸建于1960年，为开敞式堤坝实用堰型，闸上设工作桥及京榆（山海关）公路桥。北关分洪闸建于1963年，上部有京榆（山海关）公路桥及机架桥。2007～2008年，北京市政府投资2.7亿元对北关分洪枢纽进行改建，废拦河、分洪旧闸，兴建北关水利枢纽。

　　新拦河闸形式上力求复古，桥体的形制和装饰汲取了卢沟桥、十七孔桥、朝宗桥、八里桥等北京古桥的精髓。拦河闸设计采用了七孔弧形钢闸门，巧妙地把闸门隐蔽在桥下拱券内，形成"近看是闸，远看是桥"的新景观。

　　七孔桥同时兼顾河道的通航功能，在桥的右岸设置有一孔宽8米、可通行50人游船的船闸，船闸西侧设游船码头。在丰富闸区景观的同时，

◇ 通州张家湾通运古桥

也增加了水利设施的功能。桥畔建有北关水利枢纽碑记。

桥面两侧暗埋灯线,设地灯点缀。桥下游侧设投射灯向桥侧投光。在夜色中,波光水色之间,仿佛又回到了当年人声鼎沸的时代。建成后的景观桥,古朴大方,弧线圆润,与映入河中的倒影呼应,婆娑有致,格外的婀娜多姿。

张家湾古镇

京东古镇张家湾位于通州城东南5公里,建于元代,元朝万户张瑄运粮至此而得名,在古高丽庄之东,四河交汇之处。白河、富河、浑河、里河相聚,水势环曲,一派水乡泽国地貌。

张家湾运河码头,为元代运河水利工程,原物已经无存,目前仅存遗址,长约200米。1949年曾为通县政府驻地,1950年县政府移至通州镇。1958年成立张家湾公社。1983年改置张家湾乡。1990年改置张家湾镇。

张家湾古镇是大运河北端起点上重要的水陆交通枢纽和物流集散中心。"船到张家湾,舵在里二泗""游人络绎、不夜笙歌"描述的就是过去张家湾的盛景。

张家湾有一座大石桥,由于跨在萧太后河上,百姓习惯性地称它为萧太后桥。一直到了明朝,万历皇帝才正式给它赐名叫作"通运桥"。专家考证,北京建城所用石材、木材等,不少都是先通过大运河运到张家湾,再由陆路运进北京。张家湾的地位非同小可,于明不次于居庸关、山海关;于清不逊于右弼良乡。故民谚有"先有张家湾,后有通州城"。

《红楼梦》中描写的十里街、花枝巷、葫芦庙的原型即出自张家湾,

通州古城 漕云天下 | 155

◇ 张家湾通运桥上运粮车留下的车辙

通州古城 漕云天下 | 157

◇ 延芳淀湿地

镇里还出土了曹雪芹的墓葬刻石。皇木厂村古时以转储修建京城御用"木料"而得名。这里有一段运河故道，一块石碑上镌刻着"舳舻千里"4个大字。村边的仿古塔内，藏着一枚千斤石权——昌延号，现被文物专家认定为世界上最大、保留最完整、重量最重的石权。村中还有一棵600多岁的"神树"，据说是明代驻扎在此的漕运官所栽。

在张家湾镇方圆2000亩的地界内，集中了各种文物历史遗迹50多处，其中张家湾城址和通运桥属全国重点文物保护单位。特别是建于明万历年间的通运桥，可与卢沟桥媲美。

如今张家湾镇充分发挥地处通州腹地的区位优势、多河富水的自然资源优势，形成了京杭大运河、萧太后河、凉水河、通惠河、白河五大水域绿色景观；张家湾镇还发掘自身深厚的红学文化底蕴，依托已建成的曹雪芹巨型塑像、归梦亭、红学文化绿色走廊等红学"文象"景观，深挖古镇"文脉"，不断秉承地域文化信仰，坚定地域文化自信，构筑"中国红学文化之乡"。

延芳淀湿地

地处通州东南部的潞县，位于京杭大运河西畔、港沟河西岸、京津塘高速公路以西，曾是皇家游猎之地。

修建京杭大运河后，这里就变身为运河的"钞关"，也就是现在的收费站，由大运河来往京城的船只都要在这里交税。潞县是京杭大运河之滨，也曾是南北漕运交通之腹地，还是通州唯一一个曾作为县治，并以县命名的乡镇。潞县，是一座有着千年历史的京东古城，素有"京东重邑"

通州古城 潞云天下 | 159

的美称。历史上的潞县曾几经兴衰，汉代为镇，辽代升为县，元朝再升为州，明朝降为县，清朝降为镇，民国再降为村。通州的老人听到"四台八庙七十二眼井"，就知道说的是潞县。

故老口传，旧时以通、三、武、宝、蓟、香、宁外加一个小潞县为大小东八县，潞县县域小，没有其他县大，故称外加一个小潞县。字典对潞字的解释都是："旧县名，在今北京市通县境内。""水绕城郭为潞"，潞字本意即是四面环水之城郭。

潞县古城是一座十分有特色的古城，沿着城墙有一圈护城河，联通北运河、港沟河、萧太后河，东西南北各有一处城门，城内外分布着"四台八庙七十二眼井"，在原貌图上还能看到瞻星台、接星台、关帝庙、城隍庙、文庙等位置。目前这些地方都存有地基，就埋在如今的潞县村地下，挖开后还能找到准确的位置，这也是潞县古城进行原址复原的基础。

潞县古城西侧是著名的延芳淀湿地。村史记载，延芳淀有大片的水面、茂密的苇塘，每到春秋两季，候鸟在这里歇脚、捕食，延芳淀就成了天鹅、大雁、野鸭的天堂。自辽代起，这里就被设为皇家苑囿，建起了行猎行宫神潜宫，贵胄大臣纷纷在此修建了鳞次栉比的园林，形成北京最早的皇家园林建筑群。潞县因此而盛，逐渐形成了"潞县八景"，分别是泮宫古槐、禅林宝塔、驻跸甘泉、远浦飞鸿、长堤回雁、晾鹰旧台、春郊烟树、白河渔舟，未来这些令人向往的景象都有希望重现。

2015年末，北京市政府决定将重建这一片大型湿地，再现当年水清草肥景象。具体规划：延芳淀湿地将沿运河而建，北起榆林庄闸，南至北京市界，呈带状延伸，全长约12公里，最宽处能达到3公里。湿地主体在潞县镇，也恰是北运河"九曲十八弯"的下游河段。它的规划面积是1480公顷，比两个奥林匹克森林公园还大。在通州区的11个规划湿地中，延芳淀面积位列第二，仅次于1600公顷的东南郊湿地。

西集镇位于北京市东南部,距通州区卫星城约21公里,距北京市区东四环约25公里。西集镇地处潮白河现代冲积平原,地势平坦,水源充足,并有京杭大运河环绕镇域,是一个拥有2000年历史,挟京津冀咽喉要道的古老乡镇。

据史书记载:"潞河为万国朝宗之地,四海九州岁致百货,千樯万艘,辐辏云集,商贾行旅梯山航海而至者,车毂织路,相望于道,盖仓庾之都会而水路之冲达。"繁荣的经济是通州运河文化产生的沃土。西集地处通州东南部,西、南依大运河,深受运河文化熏染。运河千古悠悠哺育了灿烂的运河文明,而西集民俗则是其中一朵亮丽的花。

北京著名乡土作家刘绍棠先生生长于此。他用饱蘸运河风情的笔调写道:看!金色的运河滩,谷子在秋风里摇摆着凤尾似的穗儿,扑簌簌响着的鲜红的高粱,感到疼痛似地甩掉了爬上尖端的小螃蟹……黄金色的向日葵,发散着浓郁的香气……

2007年,京东运河湿地文化休闲区启动的核心项目包括西集万亩樱桃园、运河人家温泉度假村(温泉项目)和乡村营地,与核心项目相配套的项目还有滨河绿廊的相关基础工程建设和景观改造、刘绍棠纪念馆及乡土文学茶社、运河之子文化长廊、企业农庄、垂钓基地、家庭农庄等。

近年来,通州区为弘扬大运河文化,通力打造"运河文化产业带",西集镇是运河文化产业带重要的辐射区域。运河文化浸润下的西集镇,将成为京通大地上一颗耀眼的明珠。

◇ 通州大运河森林公园

后记

大运河北京段纵贯千年，横跨六区，在北京城发展中扮演了重要角色，见证了城市的沧桑巨变，承载了宝贵的文化记忆。大运河为北京这座城市留下了古老的文化印记，在新的历史机遇下又将再次与现代城市重新连接。如今，这条古老的运河正在走上"复兴之路"。通过在源头建遗址公园、恢复保护老城历史水系和通州区"三庙一塔"景区及周边区域，使大运河遗产本体保护状况和环境风貌得到明显改善，大运河文化遗产与生态环境改善和运河沿岸民生紧密结合，让大运河文化"大放异彩"。

为了普及大运河文化带北京段文化遗产的保护、传承和利用，使更多的人了解大运河文化带在列入世界文化遗产之后保护建设的美好前景，进一步增强保护历史文化遗产和生态环境的自觉性，北京史研究会会长李建平研究员组织北京史研究会有关人员编撰了《图说北京大运河文化带》这本科学普及读物，并摄制和手绘了全部照片和插图，北京史研究会理事杨文利等人负责全书文字撰写和统稿，北京史研究会秘书长张蒙负责统筹。在书稿编写、出版过程中，得到了北京市社会科学界联合会、北京市哲学社会科学规划办公室的大力支持，北京市社会科学界联合会、北京市哲学社会科学规划办公室党组领导对此多次予以关心、指导，北京市社会科学界联合会、北京市哲学社会科学规划办公室社科普及专业委员会专家对书稿提出了宝贵意见，科普工作部在书稿编写、资助过程中给予了有力支持、帮助。虽然我们尽力完善内容，但因受时间、个人水平、档案材料等限制，书稿中肯定还有不当之处，敬请读者批评指正。